A LÍNGUA PORTUGUESA NO MUNDO DA COMUNICAÇÃO

CADERNO DE EXERCÍCIOS

voltado ao público de origem anglo-saxônica

BEM-VINDO!
A LÍNGUA PORTUGUESA NO MUNDO DA COMUNICAÇÃO
Português para Estrangeiros
Caderno de Exercícios (voltado ao público de origem anglo-saxônica)
4ª Edição revisada 2006

Coordenação Editorial	Susanna Florissi
Projeto Gráfico/Editoração	Cia. de Desenho
Fotolito Digital	Fast Film
Impressão	Assahi
Revisores	Inaldo Firmino Soares
	Simone Zaccarias
Ilustrações Especiais	Rafael Infantozzi

SBS - SPECIAL BOOK SERVICES
Avenida Casa Verde, 463
02519-000 São Paulo SP
Brasil
Tel.: 55 - 11 - 6238 - 4477
Fax: 55 - 11 - 6256 - 7151
E-mail: editora@sbs.com.br
Website: www.sbs.com.br

04-7687

Burim, Silvia R. B. Andrade
Bem-vindo! a língua portuguesa no mundo da comunicação: caderno de exercícios, 2 / Silvia R. B. Andrade Burim, Itana Summers Medrado. -- 2. ed. atual. -- São Paulo: Special Book Services Livraria, 2004.

ISBN 85-7583-069-4

1. Português - Brasil 2. Português - Estudo e ensino - Estudantes estrangeiros 3. Português - Livros-texto para estrangeiros 4. Português - Problemas, exercícios etc. I. Medrado, Itana Summers. II. Título.

1. Português: Livros-texto para estrangeiros 469.824
2. Português para estrangeiros 469.824

CDD-469.824

Agradecimentos

Agradecemos a todos aqueles que contribuíram com idéias, sugestões, críticas e incentivo para a elaboração deste caderno de exercícios. Aos nossos entes queridos ausentes os nossos eternos agradecimentos por sua orientação e apoio, que nos permitiram concluir com êxito esse projeto.

1. Relacione as colunas.

1. ( ) Oi. Como vai?
2. ( ) Muito prazer.
3. (a) Seja bem-vinda/o!
4. ( ) Muito obrigada/o.
5. ( ) Bom final de semana.
6. ( ) Boa noite e bom descanso.
7. ( ) Tchau.
8. ( ) Vera, este é o Jorge, da ASR.
9. ( ) Luiz, venha até aqui, por favor.
10. ( ) Com licença.
11. ( ) Desculpe! Como sou desastrada/o!
12. ( ) Desculpem-me pelo atraso!

a. Obrigada/o.
b. Tchau. Até mais!
c. Não foi nada! Tudo bem.
d. Tudo bem. E você?
e. Sem problemas. Acabamos de começar!
f. Pra você também. Até segunda!
g. Por favor, entre e fique à vontade.
h. Prazer em conhecê-lo, Jorge.
i. De nada./Não há de que.
j. O prazer é meu.
k. Pois não?
l. Boa noite e até amanhã.

2. Observe os cartões de visita e responda às perguntas.

TAKESHI HATA
Diretor de Marketing

NEC DO BRASIL S.A.
ROD. PRESIDENTE DUTRA, KM 214
CEP 07210-902 - CX. POSTAL 161
GUARULHOS - SP

FONE: (011) 6466-7360
FAX: (011) 6566-7359
e-mail: hata@nec.com.br.

1. Qual é o primeiro nome do senhor Hata?

2. De onde ele é?

3. Qual é o seu cargo na empresa?

4. Para qual empresa ele trabalha?

5. Qual é o e-mail dele?

FAAP

Lourdes Zilberberg
Advisor for International Relations

Rua Alagoas, 903 - 01242-902 - São Paulo - SP - Brasil
Tel.: (5511) 3662-7159 - Fax: (5511) 3662-7103
e-mail: rel.internacional@faap.br
www.faap.br

6. Qual é o sobrenome de Lourdes?

7. O que ela faz?

8. Qual é a nacionalidade dela?

9. Onde fica a empresa?

10. Onde ela trabalha?

11. Qual é o seu número de telefone?

UNIDADE 1

PRAZER EM CONHECÊ-LO

CUMPRIMENTOS

ARTIGOS DEFINIDOS E INDEFINIDOS

PRESENTE SIMPLES DO INDICATIVO: VERBOS REGULARES E IRREGULARES

PRONOMES PESSOAIS

PRONOMES INTERROGATIVOS

3. Responda às questões com os verbos SER, TER ou ESTAR, completando o quadro. Veja o exemplo.

	SIM	NÃO
Você é solteiro/a?	**Sim, eu SOU solteiro/a.**	
Seu pai é americano?		**Não, ele não É americano.**
1. Você é casado/a?		
2. Seus pais são brasileiros?		
3. Você é extrovertido/a?		
4. Você está no Brasil?		
5. Você tem filhos?		
6. Você tem mais de 30 anos?		
7. Você e sua família estão juntos agora?		
8. Você tem irmãos?		
9. Você está em casa neste momento?		
10. Você está sozinho/a?		
11. Seus pais têm muitos irmãos e irmãs?		
12. Você é empresário/a?		

4. Pense rápido e complete as frases.

1. O filho de meu irmão é meu ______________ .
2. A irmã de minha mãe é ______________ de meu pai.
3. O pai de meu pai é meu ______________ .
4. As filhas dos meus tios são minhas ______________ .
5. A mãe de minha mãe é minha ______________ .

5. De acordo com a árvore genealógica abaixo, escreva V (verdadeiro) ou F (falso) para as afirmações.

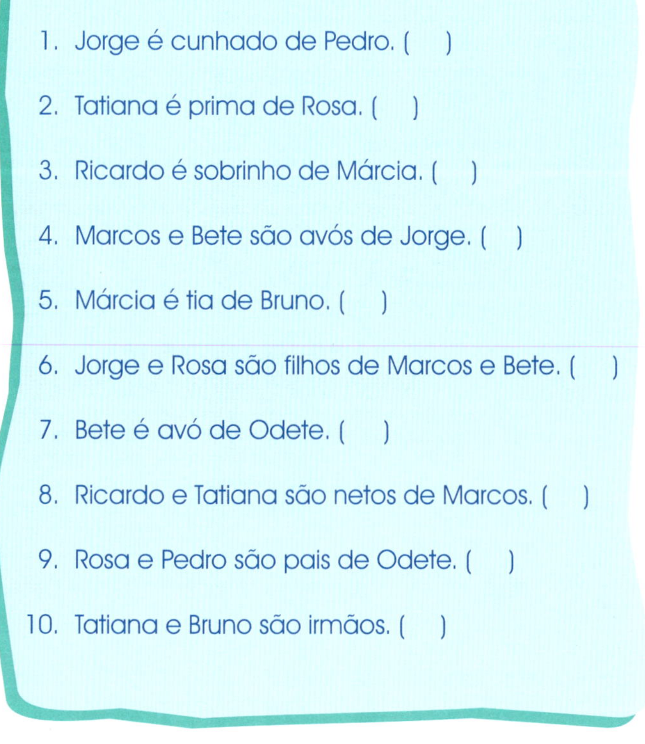

1. Jorge é cunhado de Pedro. (   )
2. Tatiana é prima de Rosa. (   )
3. Ricardo é sobrinho de Márcia. (   )
4. Marcos e Bete são avós de Jorge. (   )
5. Márcia é tia de Bruno. (   )
6. Jorge e Rosa são filhos de Marcos e Bete. (   )
7. Bete é avó de Odete. (   )
8. Ricardo e Tatiana são netos de Marcos. (   )
9. Rosa e Pedro são pais de Odete. (   )
10. Tatiana e Bruno são irmãos. (   )

6. QUEM SÃO ELES?

Relacione as informações às figuras. Observe a aparência dos personagens e imagine o estilo de vida que eles levam.

Escreva (1) para Conceição e Henrique;
(2) para seu Pedrão e Dona Rita;
(3) para João e Carmem.

1

2

3

a. ( ) Moram no Brasil há 40 anos.
b. ( ) Vão a festas quase todo fim de semana.
c. ( ) Viajam a negócios, duas ou três vezes por mês.
d. ( ) Têm seu próprio negócio.
e. ( ) Perdem de uma a duas horas no trânsito pela manhã.
f. ( ) Não gostam de acordar cedo.
g. ( ) Chegam em casa por volta das 19h.
h. ( ) São portugueses.
i. ( ) Almoçam fora todos os dias.
j. ( ) Ouvem música no último volume.
k. ( ) São casados há 34 anos.
l. ( ) Gastam a mesada em bobagens.

7. Complete os espaços em branco dos textos abaixo com os ARTIGOS: o, a, os, as, um, uma, uns ou umas.

TEXTO 1

(A campainha toca...)

A: Lucas, vá ver quem é.

B: Está (Tá) bem. Já estou (tô) indo.

. . . .

A: Quem é, Lucas?

(Olhando através do olho mágico.)

B: Não sei bem ao certo. Eu só vejo (1) ________ meninas do outro lado da rua.

A: Que meninas?

B: (2) ________ delas parece (3) ________ Rose.

A: Que Rose?

B: (4) ________ filha do Sr. Geraldo.

A: Mas que Sr. Geraldo?

B: (5) ________ amigão dos Sousas.

A: Que Sousas?

B: Ora, mãe! (6) ________ donos da mecânica da esquina.

A: Ah! Já sei. Mas e (7) ________ outras meninas?

B: (8) ________ baixinha é (9) ________ Zilu.

A: (10) ________ Zilu não é uma das filhas da Julieta?

B: Que Julieta, mãe?

A: Bem, (11) ________ dizem que ela é (12) ________ dona da quitanda do fim da rua, mas eu acho que ela é só (13) ________ das funcionárias.

B: Que quitanda, mãe?

TEXTO 2

Carla: Mariana, vamos ao shopping hoje à tarde?

Mariana: Não posso. Hoje tenho que fazer (1) ______ pesquisa.

C: Sobre o que é (2) ________ pesquisa?

M: É sobre (3) ________ descobrimento do Brasil.

C: Você quer (4) ________ livros emprestados?

M: Não, obrigada. Mas você tem (5) ________ computador que eu possa usar? (6) ________ computador do meu pai está quebrado.

C: Tenho sim, você pode usar (7) ______ computador do meu irmão.

8. Circule o verbo que melhor completa cada frase.

1.

A: Qual é/está o problema?

B: Nada, não. Só sou/estou cansado.

A: Eu acho que você é/está um pouco quente.

B: Você tem razão. Eu acho que sou/estou com febre.

A: Talvez um febrão! Vou medir sua temperatura. Você sabe onde é/está o termômetro?

2.

A: Já é/está mais de meia-noite. Você não vai se deitar?

B: Sou/Estou sem sono.

A: De quem são/estão estas fotos?

B: São/Estão da minha viagem ao Ceará.

A: São/Estão lindas!

B: Já sou/estou com saudades daquelas praias maravilhosas.

9. Escolha os SUJEITOS, VERBOS E COMPLEMENTOS que formem orações completas e as escreva em seu caderno.

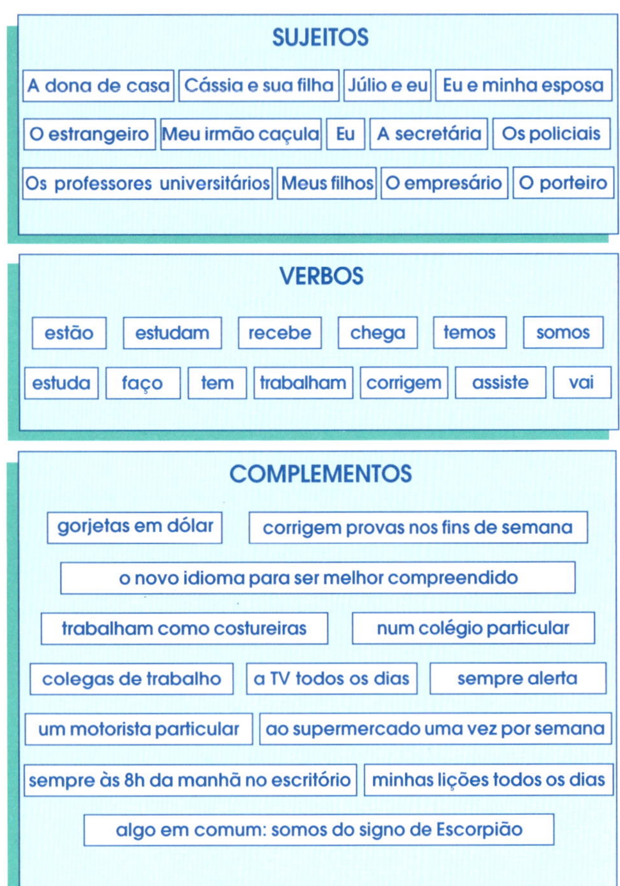

SUJEITOS

A dona de casa | Cássia e sua filha | Júlio e eu | Eu e minha esposa
O estrangeiro | Meu irmão caçula | Eu | A secretária | Os policiais
Os professores universitários | Meus filhos | O empresário | O porteiro

VERBOS

estão | estudam | recebe | chega | temos | somos
estuda | faço | tem | trabalham | corrigem | assiste | vai

COMPLEMENTOS

gorjetas em dólar | corrigem provas nos fins de semana
o novo idioma para ser melhor compreendido
trabalham como costureiras | num colégio particular
colegas de trabalho | a TV todos os dias | sempre alerta
um motorista particular | ao supermercado uma vez por semana
sempre às 8h da manhã no escritório | minhas lições todos os dias
algo em comum: somos do signo de Escorpião

10. Veja a apresentação de seu Sousa e de sua família.

Família Sousa

Eu sou José. Esta é minha esposa Ana. Estes são meus filhos João e Carla. João tem 16 anos e Carla 18. Nós moramos em Bertioga, litoral sul de São Paulo. Gostamos muito de praia! Não vamos à praia todos os dias porque trabalhamos muito durante a semana e também nos fins de semana. Temos um supermercado no centro de Bertioga. Eu gosto de pescar e meus filhos gostam de surfar. Ana raramente pesca comigo. Ela prefere tomar sol ou passear na praia. Todos nós sempre dormimos muito cedo, pois levantamos cedo também. Ana sempre prepara o almoço e o jantar durante a semana, mas sábado é dia de lanche e domingo é dia de comer fora.

Você tem boa memória? Cubra as informações acima e complete as frases.

1. Os Sousas gostam de ______.
2. Eles não ______.
3. Todos sempre ______.
4. Nos fins de semana eles ______.
5. Os filhos ______.
6. Raramente a esposa do seu Sousa ______.
7. Os Sousas ______.
8. Ana ______.
9. Sábado ______.
10. Domingo ______.

E você? Você...

1. gosta de praia?
2. vai à praia freqüentemente?
3. dorme cedo?
4. acorda cedo?
5. trabalha nos fins de semana?
6. gosta de pescar?
7. gosta de surfar?
8. almoça ou janta fora com freqüência?

11. De acordo com o quadro abaixo, faça possíveis perguntas para as respostas dadas.

Daniela Rodrigues | em Moema
há 5 meses | 5664-0741 | 2 | 26 anos
médico | numa empresa multinacional

Exemplo: *Onde ela mora?*
Mora em Moema?

1. ______
2. ______
3. ______

4. ______________________________________
____

5. ______________________________________
____

6. ______________________________________
____

7. ______________________________________
____

12. Relacione as frases com as profissões das ilustrações ao lado.

1. Vou me divorciar; preciso de um ( ).
2. Estou com dor de dente; preciso de um ( ).
3. Quero aprender português; preciso de um ( ).
4. O carro quebrou; preciso de um ( ).
5. Por favor, ( ), traga a conta.
6. A pia está vazando; preciso de um ( ).
7. O sistema elétrico não funciona; preciso de um ( ).
8. Não me sinto bem; preciso de um ( ).

13. Complete as frases com os adjetivos do quadro abaixo.

extrovertida - inteligente - cansados - tímido - ótimo - casada - lindas - solteiro - felizes

1. Os funcionários estão muito ______________, pois recebem um ______________ salário.
2. Meu irmão mais velho tem 38 anos, mas ainda é ______________. Ele nem pensa em se casar.
3. Favor entregar estas ______________ flores para minha esposa, neste endereço. Hoje é aniversário dela.
4. Eu estou ______________ há 6 anos e já tenho 2 filhos: um de 2 e um de 4 anos.
5. César é tão ______________, que nem olha para as pessoas quando está falando com elas.
6. Júlia conversa com todos os seus colegas de classe e faz amizades muito facilmente. Ela é realmente uma pessoa bastante ______________.
7. Juca é, sem dúvida, um menino ______________. Ele raramente estuda e sempre tira 9 e 10 nas provas de Matemática e Ciências.
8. Vamos ao cinema outro dia. Hoje estamos ______________. O dia de trabalho foi muito difícil!

14. Relacione os PRONOMES INTERROGATIVOS às frases correspondentes e encontre a resposta para cada pergunta. Veja o exemplo. Responda, também, às questões com suas informações.

A	B	C	Suas informações:
1. O que	( ) é seu aniversário?	( ) Adélia.	**1. Eu sou estudante.**
2. Quantos	( ) se chama sua esposa?	( ) Feijoada.	**2.** ______________
3. Quando	( ) você é?	( ) De Belo Horizonte, MG.	**3.** ______________
4. Como	(1) **você faz?**	(1) **Sou advogado.**	**4.** ______________
5. Qual	( ) você trabalha?	( ) 15 de dezembro.	**5.** ______________
6. Onde	( ) é seu prato favorito?	( ) 36.	**6.** ______________
7. De onde	( ) anos você tem?	( ) Na NEC, em São Paulo.	**7.** ______________

MEU PRESENTE, MEU PASSADO (1)

HORAS

NÚMEROS ORDINAIS

POSSESSIVOS (ADJETIVOS/PRONOMES)

PRONOMES REFLEXIVOS

PREPOSIÇÕES CONJUNÇÕES

PRETÉRITO PERFEITO (VERBOS REGULARES E IRREGULARES)

EXPRESSÕES IDIOMÁTICAS

ORTOGRAFIA: S/Z

1. Relacione as expressões com os DIAS DA SEMANA e as HORAS em que seria mais provável ouvir as afirmações ou perguntas descritas abaixo.

1. Oi, como vai? Tudo bem? Tenha um bom dia!
2. Como foi o final de semana?
3. Bom descanso e até amanhã.
4. Até segunda. Bom fim de semana.

( ) *Sexta-feira, por volta das 17h30.*

( ) *Segunda-feira, por volta das 9h15.*

( ) *Quinta-feira, por volta das 18h.*

( ) *Terça-feira, por volta das 8h da manhã.*

2. Complete o quadro usando as expressões abaixo. A que horas você:

por volta das/do/da

	de 2ª a 6ª
1. levanta/acorda pela manhã?	
2. sai de casa para o trabalho/ escola?	
3. almoça?	
4. volta pra casa?	
5. se deita/dorme?	

3. Use os verbos do quadro e o PRONOME REFLEXIVO SE, para dizer o que estas pessoas fizeram antes de sair de casa.

beijar - vestir - abraçar - pentear - maquiar

1. ____________ 2. ____________ 3. ____________

4. ____________ 5. ____________

4. No diálogo abaixo, circule o verbo adequado para cada frase.

Ao telefone

A: Alô, aqui (1) (está / é) Verônica. Gostaria de falar com o Sr. Ricardo, marceneiro.

B: Aqui (2) (é / ser) Ricardo.

A: Ricardo, Dona Ana me deu seu telefone. Eu gostaria de fazer um orçamento de móveis.

B: Qual (3) (está / é) o seu endereço?

A: Meu endereço (4) (é / ser) Rua das Rendeiras, 70, Vila Olímpia. (5) (Ser / É) possível vir à noite? Meu marido também quer (6) (ser / estar) presente.

B: A que horas vocês (7) (são / estão) em casa?

A: (8) (Somos / Estamos) em casa a partir das 7h30 da noite.

B: Podemos marcar para 8h?

A: Acho que 8h30 (9) (é / está) melhor.

B: Tudo bem.

A: (10) (Estamos / Somos) com pressa do serviço.

B: Sem problemas. (11) (Sou / Estou) sempre pontual nas entregas.

A: Você (12) (está / é) daqui de São Paulo mesmo?

B: (13) (Estou / Sou) sim senhora.

A: Ok. Então até amanhã às 8h30.

B: Combinado. Até logo.

A: Até logo e obrigada.

5. Escolha a CONJUNÇÃO que melhor completa cada frase.

1. Não fui à feira e/mas/por isso/porque não tinha dinheiro.

2. Eles chegaram tarde e/mas/por isso/porque não perderam a reunião.

3. Anteontem fomos ao Rio de Janeiro e/mas/por isso/porque visitamos as lindas praia de Ipanema.

4. Ontem choveu muito, e/mas/por isso/porque nós não viemos à aula.

5. Carlos não foi à festa e/mas/por isso/porque ele precisou trabalhar.

6. Nós fomos ao cinema e/mas/por isso/porque não assistimos ao filme. O cinema estava lotado e/mas/por isso/porque não havia mais ingressos.

7. A: Por que você não me telefonou ontem?

   B: Tive um dia muito complicado. Meu carro quebrou, perdi minha carteira e voltei pra casa a pé. Quando cheguei em casa, peguei no sono, e/mas/por isso/porque não liguei pra você.

8. Moro em São Paulo há 20 anos, e/mas/por isso/porque conheço tudo por aqui.

6. Responda às perguntas e complete as frases usando as CONJUNÇÕES do quadro.

porque - mas - ou - nem - por isso - e

1. Sandra fala árabe ou italiano? (nenhum dos dois).
____

2. Vamos ao cinema hoje à noite? (Hoje você não pode.)
____

3. Por que você veio morar no Brasil?
____

4. Você pode escolher: as aulas podem ser segunda _______ quarta _______ terça _______ quinta.

5. Estamos estudando português, _________ estamos falando melhor.

6. Não posso sair com você _________ na segunda _________ na terça. Só posso sair na quarta-feira.

7. Encontre, no quadro, o verbo adequado para completar o texto. Coloque o verbo o no PRETÉRITO PERFEITO.

viajar	ser	desembarcar
querer	pegar	poder
visitar	gostar	ir
comer	chegar	acontecer

Em dezembro, eu **(1)** para Salvador em férias. **(2)** o avião no aeroporto de Guarulhos e, após duas horas e quinze minutos de vôo, **(3)** lá. **(4)** vários pontos turísticos. **(5)** ao Pelourinho, à igreja de São Francisco e a outros tantos lugares.
(6) alguns pratos típicos.Que delícia! A temperatura estava alta: fazia mais de 37 graus à sombra. O calor **(7)** motivo para muitas cervejas geladas.
(8) bastante da cidade e **(9)** ficar mais tempo, mas não **(10)** porque tive dificuldade em encontrar lugar em outro vôo. Quando **(11)** em São Paulo, meu irmão e eu conversamos sobre Salvador e contei a ele tudo o que **(12)** .

1. **viajei**
2. _______________
3. _______________
4. _______________
5. _______________
6. _______________
7. _______________
8. _______________
9. _______________
10. _______________
11. _______________
12. _______________

8. Relacione as colunas formando questões e, em seguida, responda-as. Complete também o quadrinho com o verbo no PRETÉRITO PERFEITO.

1. O que vocês	( ) convidar [ ]	( ) as últimas férias?
2. Onde eles	***(1) fazer*** [***fizeram***]	( ) a São Paulo para o evento?
3. Quem	( ) passar [ ]	( ) só agora?
4. Porque o pedido	( ) chegar [ ]	***(1) ontem, após o serviço?***
5. Quantos funcionários	( ) ir [ ]	( ) pra mim esta manhã?
6. Quem você	( ) telefonar [ ]	( ) para a festa de fim de ano?

RESPOSTAS:

Exemplo: ***1. Ontem, após o serviço, fomos a uma choperia.***

2. _______________.
3. _______________.
4. _______________.
5. _______________.
6. _______________.

9. Circule a alternativa correta.

1. O Rei Luis (décimo-quarto/quatorze) reinou na França e era chamado de Rei-Sol.
2. O Papa João Paulo (dois/segundo) mora em Roma.
3. Meus pais deram uma grande festa para comemorar seu (trigésimo/trinta) aniversário de casamento.
4. Na página 20 (vigésima/vinte) do livro, há alguns verbos conjugados no pretérito perfeito.
5. São (cinco/quinto) livros por (dez/décimo) reais.
6. Vá em frente e vire na (três/terceira) à esquerda.
7. Ele chegou em (um/primeiro) lugar e ganhou medalha de ouro.

8. Esta é a (quatro/quarta) vez que venho ao Brasil. E, nas (quatro/quartas) vezes, fiquei em São Paulo.
9. Os (três/terceiros) primeiros colocados receberam um bom prêmio em dinheiro.
10. Este já é o (seis/sexto) emprego de Alberto em apenas um ano.

10. Coloque em ordem o que é necessário fazer numa viagem internacional. Use as expressões abaixo para relatar as informações.

em seguida - finalmente - primeiro - depois - e

( ) fazer o *check-in*
( ) entrar no avião
( ) ir ao aeroporto
( ) passar pelo controle da imigração
( ) sentar na poltrona

11. Complete as lacunas com os pronomes possessivos: meu, minha, meus, minhas, seu, sua, seus, suas, dele, dela, deles, delas, nosso, nossa, nossos, nossas.

Outro dia, encontrei MEU álbum de formatura que não via há algum tempo. Estava no porão, dentro de uma caixa velha. Relembrei com saudades os velhos tempos, os amigos e os familiares! Esta é a Carlinha com (1) ________ vestido todo bordado. Ela foi (2) ________ primeira namorada. Namoramos por uns cinco meses e (3) ________ encontros foram todos na casa (4) ________, pois (5) ________ mãe nunca a deixou sair de casa pra namorar. Os irmãos (6) ________ estudaram comigo no ginásio e sempre tiveram muito ciúme de (7) ________ irmã Carlinha. Estes são (8) ________ amigos, os gêmeos Roberto e Alberto. Eu dificilmente acerto o nome (9) ________, pois são muito parecidos. Roberto já está casado e (10) ________ filhos já têm 10 e 12 anos. A esposa (11) ________ é dentista e (12) ________ consultório fica bem no centro da cidade. Estas são (13) ________ irmãs. Nós nos damos muito bem e (14) ________ brigas e discussões foram sempre passageiras. Elas são muito vaidosas e (15) ________ roupas e (16) ________ sapatos estão sempre na moda. Mamãe é costureira e, ainda hoje, costura para elas. Este, com o cabelo todo esquisito, sou eu, usando (17) ________ primeiro terno.

12. Encontre o que se pede abaixo no caça-palavras.

1. o que você fala ao atender o telefone
2. o que você fala ao se despedir de alguém
3. meio de transporte público
4. expressão de agradecimento
5. maneira informal de cumprimentar alguém
6. se hoje é quarta ontem foi...
7. o quarto mês do ano

A	T	É	L	O	G	A	A	T	É	O
Ô	N	I	B	É	S	O	N	Ô	N	B
A	Ç	G	I	L	A	B	R	L	I	R
O	A	É	Ô	N	I	B	U	S	A	I
T	T	O	A	S	Ô	É	A	Ô	L	G
E	É	B	D	O	A	G	R	Ç	Ô	A
R	R	A	T	É	L	O	G	O	Ç	D
Ç	A	E	R	Ç	A	I	L	É	A	O
A	B	R	I	L	S	É	A	O	R	S

13. a. Leia o diálogo abaixo colocando o verbo no tempo adequado.

A: Qual (1) ______________ (ser) o seu nome?

B: Adroaldo.

A: Quando e onde você (2) ______________ (nascer)?

B: Eu (3) ______________ (nascer) em 11 de junho de 1980 em Salvador, Bahia.

A: Quantos irmãos e irmãs você (4) ______________ (ter)?

B: Nenhum, (5) ______________ (ser) filho único.

A: Onde você (6) ______________ (passar) sua infância?

B: Em Feira de Santana, na Bahia. Morei na chácara dos meus avós Adroaldo e Eva até os 11 anos.

A: Onde você (7) ______________ (morar) atualmente?

B: (8) ______________ (morar) em São Paulo, no Itaim.

A: Você (9) ______________ (estudar) e/ou trabalha simplesmente?

B: (10) ______________ (estudar) Educação Física e também (11) ______________ (trabalhar); (12) ______________ (dar) aulas particulares de tênis.

A: Você (13) ______________ (ter) algum hobby?

B: (14) ______________ (ter) vários. (15) ______________ (adorar) skate e surf, entre outros.

b. Responda às perguntas de acordo com o diálogo acima.

1. Onde e quando Adroaldo nasceu?

____

____

2. Quantos irmãos e irmãs ele tem?

____

____

3. Onde ele morou até os 11 anos?

____

____

4. O que ele faz atualmente?

____

____

____

5. Ele tem algum hobby?

____

____

____

____

EXPRESSÕES IDIOMÁTICAS

Escolha a cor que completa cada expressão.

PRETO **ROXO** **VERDE**
AZUL **BRANCO** **VERMELHO**

1. Vamos almoçar! Estou ______________ de fome!
2. Todos o aplaudiram, mas como ele é muito tímido, ficou ______________ como um pimentão!
3. Esperei duas horas na fila e ninguém me atendeu. Fiquei ______________ de raiva!
4. Negócios, negócios. Amizade à parte. Vamos registrar ______________ no branco.
5. A: E aí? Tudo bem?
   B: Tudo ______________ ! E você?
6. Nossa, que susto! Ficou ______________ como o papel.

UNE, DUNE, TE, A ESCOLHIDA FOI VOCÊ!!!

Escreve-se com S ou Z?

1. trê__	5. jui__	9. empre__a	13. carta__
2. cri__e	6. Lu__	10. avi__o	14. análi__e
3. velo__	7. atravé__	11. pra__o	15. a__ar
4. rodí__io	8. fu__ão	12. pra__er	

3

MEU PRESENTE, MEU PASSADO (2)

COMO ESTÁ O TEMPO HOJE?

IMPERFEITO DO INDICATIVO (VERBOS REGULARES E IRREGULARES)

GERÚNDIO

COMPARATIVOS/SUPERLATIVOS

EXPRESSÕES IDIOMÁTICAS

ORTOGRAFIA: X/CH

MAIS BRASIL

Questionário sobre curiosidades do país. Toda vez que aparecerem perguntas sobre o Brasil, escolha a alternativa correta e preencha o quadro na página 108. Veja as respostas na página 134.

1. Observe as figuras e escolha a alternativa correta.

O que cada pessoa está dizendo?

1.

a. Que calor! Hoje deve estar uns 40 graus!

b. Que vento! Hoje não é dia de praia.

2.

a. Que garoa!

b. Que chuva forte!

3.

a. Puxa! Que frio!

b. Que noite linda! Amanhã fará sol!

4.

a. Oba, está nevando!

b. Começou a chover!

5.

a. Que ventania!

b. O dia está nublado hoje.

2.

MAIS BRASIL

1. A. O Brasil é formado por:

a. 5 regiões e 26 estados

b. 5 regiões e 27 estados

c. 4 regiões e 25 estados

1. B. Corresponde a 45,27% do território brasileiro:

a. a região nordeste

b. a região norte

c. a região centro-oeste

3. FASES DA LUA -Você é supersticioso? Relacione as figuras com as superstições abaixo.

Dizem que, se você cortar o cabelo na lua..., ele...

a.

nova

b.
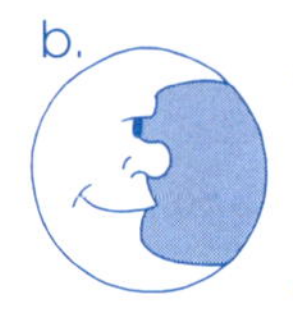
crescente

c.
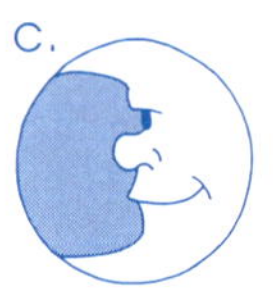
minguante

d.

cheia

1. ( ) cresce mais rápido
2. ( ) aumenta o volume
3. ( ) diminui o volume
4. ( ) demora a crescer

4. a. Complete os espaços com as palavras abaixo.

mal jeito - amigos - resfriadinho
agitado - adolescentes

Ontem foi o dia mais (1) ______________ da vida da Dona Nena. Seus dois filhos (2) ______________ resolveram trazer alguns (3) ______________ pra casa pra jogar video-game. Sua filha mais velha deixou Carolina, a netinha mais nova, para a avó olhar, pois estava com um pouco de febre. Só um (4) ______________ . E o esposo, Seu Lucas, não pôde ir trabalhar, pois deu (5) ______________ nas costas enquanto dormia. Pra piorar, a empregada faltou!

b. Veja como foi o dia da Dona Nena. Complete com os verbos no PRETÉRITO IMPERFEITO.

Pela manhã, enquanto ela (1) ______________ (fazer) o nenê dormir, seus filhos (2) ______________ (jogar) video-game. Enquanto ela (3) ______________ (arrumar) a casa, seu marido a (4) ______________ (chamar) de 15 em 15 minutos, para lhe pedir alguma coisa. Enquanto a Dona Nena (5) ______________ (dar) comida para o nenê, seus filhos (6) ______________ (bagunçar) a cozinha fazendo algo pra comer.
À tarde, enquanto os filhos se (7) ______________ (preparar) para ir à escola, seu marido (8) ______________ (assistir) a um programa de TV no último volume, e o nenê não (9) ______________ (conseguir) dormir.
À noite, enquanto todos (10) ______________ (conversar), Dona Nena (11) ______________ (dormia) como uma pedra.

5. Complete a história abaixo usando os verbos no PRESENTE, PRETÉRITO PERFEITO ou PRETÉRITO IMPERFEITO DO INDICATIVO.

Orlando (1) ______________ (ser) um rapaz batalhador que ***morava*** (morar) na periferia da cidade. Todo dia ele (2) ______________ (acordar) às 5h da manhã, (3) ______________ (tomar) café, se (4) ______________ (vestir) e (5) ______________ (andar) até o ponto de ônibus. (6) ______________ (esperar) na fila, e, quando o ônibus chegava, (7) ______________ (ir) em pé, pois já (8) ______________ (estar) lotado. (9) ______________ (chegar) no trabalho às 8h e (10) ______________ (sair) às 18h para ir à faculdade.
Ele só (11) ______________ (voltar) pra casa às 23h. Depois que ele (12) ______________ (terminar) a faculdade, (13) ______________ (procurar) emprego, (14) ______________ (enviar) vários currículos, (15) ______________ (fazer) várias entrevistas. (16) ______________ (acabar) encontrando serviço em uma firma multinacional.
Hoje ele (17) ______________ (ser) gerente, (18) ______________ (ter) muitos subordinados. (19) ______________ (gostar) do emprego e, apesar de cansativo, ele (20) ______________ (estar) sempre sorrindo e relembra com alegria como valeu a pena todo o esforço do passado.

6. Agora, escreva um pouco sobre você.

1. O que você fazia nas férias quando era mais jovem?
____
____

2. O que você fazia nos fins de semana, que já não faz mais com a mesma frequência?
____
____

3. Você já morou em outros países? Qual deles, até agora, foi o melhor para residir e trabalhar?
____
____

4. Descreva seu dia da semana mais ocupado e cansativo.
____
____

7. Compare qualquer cidade do mundo com àquela em que você mora atualmente, usando o COMPARATIVO dos ADJETIVOS: *grande, pequeno, bom, mau/ruim* e cinco outros de sua escolha. Escreva sobre as pessoas, o trânsito, a comida, a vida noturna, as oportunidades de estudo, trabalho...

____

____

____

____

____

____

____

8. Ligue as colunas de modo a completar as frases. Use o SUPERLATIVO dos adjetivos entre parênteses.

Exemplo: ***A cidade do México é a mais populosa cidade do mundo.***

1. ***A cidade do México é***	( ) (bom) ____________ sistema de transporte coletivo do Brasil.
2. O Brasil é	( ) (ruim) ____________ problemas das metrópoles é a violência urbana.
3. A Amazônia tem	( ) (grande) ____________ colônia japonesa fora do Japão.
4. Curitiba tem	( ) (pequena) ____________ densidade populacional do Brasil.
5. São Paulo tem	( ) (grande) ____________ país da América Latina.
6. Um dos	**(1) (populosa)** ***a mais populosa cidade do mundo.***

9. Usando "mais...do que", "menos...do que" ou "tão...quanto", complete as frases abaixo. Use os adjetivos e as informações abaixo.

instrutivo • bom • bonita famosa • seguro • poluído fácil • difícil agradável • divertido ruim	em vídeo • o rio Tietê, em São Paulo Kim Bassinger • Madonna • numa casa japonês • na praia • ler • falar ao telefone com um estrangeiro lavar a louça • de motocicleta

Exemplo: ***Viajar é muito mais instrutivo do que ler.***

1. Ver um filme no cinema é ____________
______________________________.

2. Julia Roberts é ____________
______________________________.

3. Tina Turner é ____________
______________________________.

4. Morar em apartamento é ____________
______________________________.

5. O rio Tâmisa, em Londres, é ____________
______________________________.

6. Estudar português é ____________
____
______________________________.

7. Falar em público é ____________
______________________________.

8. Passar as férias no campo é ____________
____
______________________________.

9. Cozinhar é ____________
______________________________.

10. Andar de avião ____________
______________________________.

10. Veja os anúncios abaixo e responda V (verdadeiro) ou F (falso), corrigindo as informações falsas.

ANGRA DOS REIS - PORTO AQUARIUS CENTRO NÁUTICO
Pacote promocional de fim de semana, (sexta, sábado e domingo): piscinas, sauna seca e a vapor, bar, restaurante, salão de jogos, playground, marina, passeio de saveiro. Acomodações com Ar, TV, telefone, varanda c/ vista p/ mar. Incluindo pensão completa: café da manhã e jantar. CASAL R$ 202,00

BÚZIOS - POUSADA GAMMEL DANSE
Pacote sensacional de fim de semana (sexta, sábado e domingo). Apartamento com ar, TV, frigobar, varanda, piscina, sauna, churrasqueira, etc. Incluindo almoço e passeio de saveiro pelas ilhas e praias de Búzios.
CASAL R$ 203,00

ILHA GRANDE - Praia de Palmas, Hotel Paraíso do Sol
Pacote imperdível de fim de semana (sexta, sábado e domingo). Incluindo café da manhã, almoço e jantar. Passeio de Saveiro pelas melhores praias de Ilha Grande R$ 35,00.
CASAL R$ 203,00 Paraíso da Costa Verde

PENEDO - HOTEL DA CACHOEIRA
Pacote promocional de fim de semana (sexta, sábado e domingo). Chalé Vip c/ lareira, hidro, TV, vídeo, frigobar e ar-condicionado. Incluindo almoço e passeio pelas cachoeiras de Penedo e Itatiaia.
CASAL R$ 245,00

1. ( ) O Hotel Porto Aquarius é bem mais barato do que os outros, pelas condições que oferece.
2. ( ) O Hotel Paraíso oferece melhores opções de lazer, dentro e fora do hotel, do que os outros.
3. ( ) Tanto o Hotel da Cachoeira quanto o Porto Aquarius oferecem a mesma quantidade de refeições.
4. ( ) O pacote do Hotel Cachoeira inclui mais dias do que os outros hotéis.
5. Qual dos hotéis você escolheria para passar suas férias ou um final de semana? Por quê?

11. Qual é o estado civil de quem:

1. jamais se casou.
2. tem esposa/marido.
3. o marido/a esposa faleceu.
4. se separou do marido/da esposa.

12. Responda às perguntas.

1. Quais, na sua opinião, são os esportes mais perigosos de se praticar?
2. Qual era, na sua infância, a brincadeira mais popular entre as crianças?
3. A que lugares você costumava ir com maior freqüência, quando era criança?
4. Há algum estabelecimento na sua vizinhança que aborrece você e sua família por causa do barulho?

13. Luís e Carla resolveram dar um jeito na casa, pois alguns amigos estão vindo para jantar hoje à noite. Eles precisam terminar o mais rápido possível, por isso estão fazendo mil coisas ao mesmo tempo. Veja as ilustrações e escreva o que cada um ESTÁ FAZENDO AGORA.

Luís

Carla

____

____

____

____

____

____

____

____

____

14. Relacione as colunas.

(1) O que você mais gostava de fazer quando era criança?

(2) O que você fez ontem à tarde?

(3) A que horas você chegou em casa?

(4) Você esteve na Europa?

(5) O que você está fazendo?

( ) Estive na França uma vez.

( ) Por volta das seis da tarde.

( ) Estou terminando de ler meus e-mails.

( ) Adorava acampar e andar de bicicleta.

( ) Fiz compras e fui ao correio.

EXPRESSÕES IDIOMÁTICAS

Complete as frases adequadamente de acordo com as figuras. Explique em outras palavras o sentido das orações abaixo.

1. Jorge é mesmo  no futebol.

   ______________________ .

2. Aquele goleiro só toma ______ !

   ______________________ .

3. O jogo foi **10**. Sem briga e sem confusão.

   ______________________ .

4. Aquele jogador é um tremendo perna de . Nunca faz gols.

   ______________________ .

5. A torcida organizada é show de !

   ______________________ .

UNE, DUNE, TÊ, A ESCOLHIDA FOI VOCÊ!!!

Escreve-se com X ou CH?

1. me__er	6. li__o	11. ve__ame
2. pe__in__a	7. lu__o	12. fa__ada
3. rela__ar	8. fa__ina	13. be__iga
4. __ícara	9. ma__ucar	14. ca__imbo
5. bo__e__a	10. __ereta	

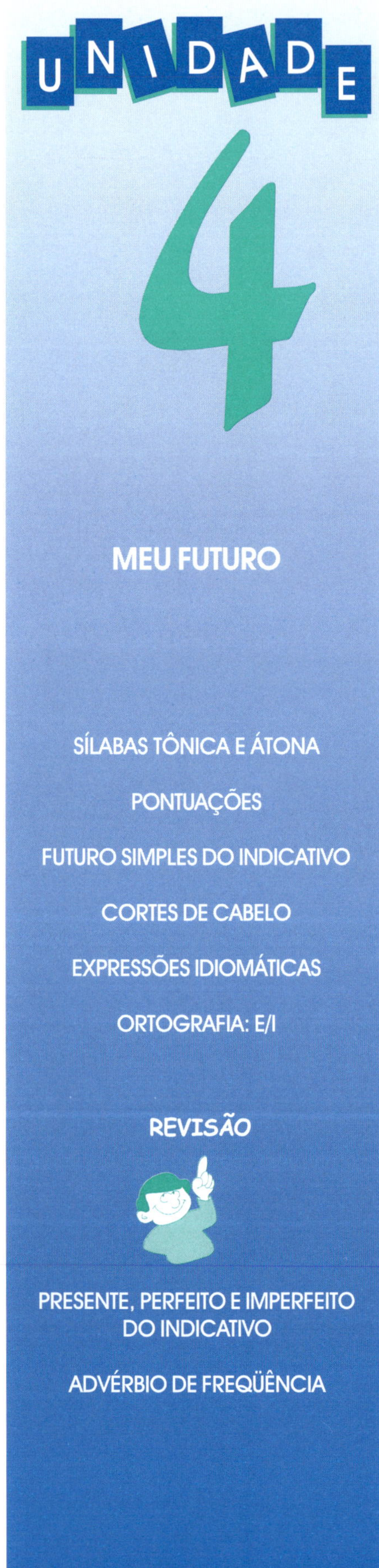

1. Você acaba de comprar à vista uma televisão nas Lojas Ponto Quente Eletrodomésticos Ltda., no valor de R$ 869,73. Preencha o cheque abaixo. Para sua maior garantia, não se esqueça de cruzá-lo.

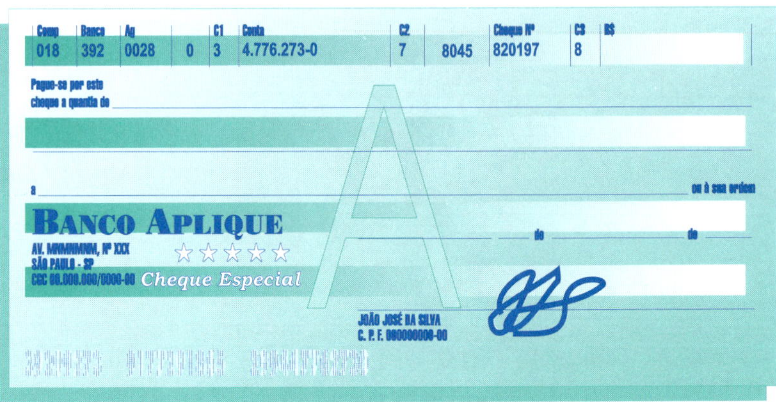

2. Separe as SÍLABAS e sublinhe a SÍLABA TÔNICA das palavras abaixo.

Exemplo: *brasileiro* ➔ *bra-si-lei-ro*

1. reunião	7. telefone	13. marido
2. faculdade	8. metrô	14. casa
3. obrigado	9. apartamento	15. jantar
4. carnaval	10. computador	16. escritório
5. estudante	11. sala	17. profissão
6. quente	12. esposa	

3. O que acontecerá com você e sua família nos próximos dois anos? Faça previsões quanto ao que está escrito no quadro abaixo.

família - moradia - trabalho
filhos - viagens - saúde
dinheiro - vida afetiva - realizações pessoais

Exemplo: *Eu e minha esposa vamos ter mais um filho.*

4. Faça frases usando os ADVÉRBIOS DE FREQÜÊNCIA que estão no quadro. A frase seguinte deve sempre começar com MAS, como no exemplo.

sempre - geralmente - normalmente - às vezes - de vez em quando poucas vezes - raramente - dificilmente - nunca - jamais

Exemplo: ***(ir) táxi para o escritório.***
Eu dificilmente vou de táxi para o escritório, mas meu marido sempre vai.

1. (almoçar) em casa
2. (ter) reuniões após o expediente
3. (viajar) nas férias
4. (escrever) para amigos ou familiares
5. (alugar) filmes na vídeo locadora
6. (chegar) atrasado a compromissos
7. (fazer) um cruzeiro
8. (tomar) banho de mar ou de piscina à noite
9. (esquecer) o aniversário da esposa/marido

5. Veja como a agenda de Júlia está lotada. Ela é secretária do Sr. Sousa, diretor da K & K. Agora é meio-dia e meia. Escreva o que ela já fez e o que ainda vai fazer hoje.

6 Terça Maio

8:30 – Providenciar retroprojetor/transparências p/ reunião.

9:00 – Recepcionar participantes da reunião.

10:00 – Verificar coffee break.

10:30 – Providenciar limpeza/coffee break.

11:30 – Confirmar reserva restaurante/participantes da reunião.

12:30 – Almoço

14:30 – Participar da reunião/material gráfico.

15:00 – Enviar malote bancário.

15:30 – Telefonar dentista/desmarcar consulta.

17:00 – Elaborar previsão de despesas anuais.

18:45 – Aula de natação.

6. E no futuro, como será? Complete o quadro baseando-se no exemplo.

Antigamente	Hoje	No futuro
Nós *usávamos* a máquina de escrever.	*Usamos* o computador.	***Usaremos*** um celular para ditar um texto e salvá-lo em CD.
Meus pais *ouviam* música na vitrola.		
As pessoas *andavam* de carroça, de charrete...	Elas *andam* de carro, de avião, de helicóptero...	
Muitas crianças *nasciam* em casa.		
Os homens *trabalhavam* fora e as mulheres ficavam em casa.	Muitas mulheres *trabalham* fora também.	
As mulheres não *tinham* cargos políticos.		

7. Escolha as palavras dos quadros para completar as frases abaixo.

1. Eu me mudarei ________ São Paulo em breve. Vou morar ________ apartamento bem grande, perto ________ metrô. Irei ________ escritório a pé, e sempre passarei ________ Avenida Paulista.

pela - ao - num - para - do

2. ________ próximo final ________ semana, receberemos amigos ________ casa ________ jantar.

de - em - no - para

3. Sandra vai se casar ________ Paulo ________ novembro ________ próximo ano.

em - do - com

8. Circule o verbo que melhor completa a frase.

1. No próximo sábado nós (vimos/vemos/veremos) uma ótima exposição no Parque do Ibirapuera.
2. Ontem de manhã eu (perdia/perdi/perco) a hora. O relógio não despertou!
3. Os pais de Sara (prepararam/preparam/prepararão) uma linda festa surpresa. Ela adorou!
4. Antes de comprar minha casa, eu (dividi/dividia/divido) um apartamento com colegas.
5. (Comemos/Comíamos/Comeremos) uma deliciosa pizza no sábado passado.

9. Encontre quatro esportes no caça-palavras, e escreva com que freqüência você os pratica ou já praticou.

____
____
____
____
____
____
____

T	U	A	S	Y	Q	L	B	D	B	O
E	Z	J	B	O	D	V	A	M	E	H
N	A	T	A	Ç	Ã	O	S	A	I	T
I	V	L	S	W	F	L	Q	B	S	R
S	J	P	Q	C	V	I	U	D	E	G
Y	H	L	U	X	A	F	E	P	B	L
A	C	V	E	F	U	T	E	B	O	L
M	K	O	T	B	N	F	E	G	L	E
G	S	V	E	D	J	G	E	A	U	T

10. Circule a alternativa correta.

1. **Comeram** o bolo inteirinho! Disseram que estava uma delícia.
   Comerão

2. Vocês **viajarão** na próxima semana?
   viajaram

3. Todos **chegarão** mais cedo amanhã.
   chegaram

4. No último carnaval eles **viajarão** para o Rio de Janeiro.
   viajaram

5. Elas **gastaram** todo o dinheiro no último final de semana.
   gastarão

6. As crianças não **dormirão** bem ontem à noite. Estava muito calor!
   dormiram

7. Os convidados **beberam** todo o vinho a noite passada.
   beberão

8. Eles **ficaram** em casa no próximo feriado.
   ficarão

9. Que belo computador! Vocês o **compraram** à vista ou a prazo?
   comprarão

10. Eu expliquei o caminho mas acho que eles não **entenderam**.
    entenderão

MAIS BRASIL

2. A. A capital é Cuiabá e Xingu é um de seus principais rios:

a. Mato Grosso

b. Amazonas

c. Pará

2. B. A Festa de Iemanjá, comemorada no dia 2 de fevereiro, é uma festa típica:

a. da Amazônia

b. da Bahia

c. do Tocantins

11. Coloque a PONTUAÇÃO adequada.

Pelo auto-falante num shopping center.

A: Atenção proprietário do carro placa JNZ 8951 Favor comparecer ao estacionamento

(Minutos depois)

B: Boa tarde sou o proprietária do carro

A: Como é o seu nome

B: Francisco Pereira

A: Sr. Francisco o seu carro está com o pneu furado

B: Será que alguém pode trocar o pneu pra mim

A: Claro Vou chamar o rapaz pelo interfone

B: Quanto custa o serviço

A: É com ou sem câmera

B: Sem

A: R$ 15,00

B: Puxa que caro Será que dá pra fazer um abatimento

A: Infelizmente não posso fazer nada O preço é tabelado e o rapaz tem que levar o pneu à borracharia

12. **Ana e Jorge querem mudar o visual! Observe as figuras e veja o que cada um vai fazer no cabeleireiro. Escreva (1) para Ana, (2) para Jorge e (3) quando a frase é possível para Ana ou Jorge.**

1. ( ) Vai cortar o cabelo bem curtinho e fazer escova.
2. ( ) Vai aparar o bigode e tirar a barba.
3. ( ) Vai fazer as unhas.
4. ( ) Vai fazer permanente para o cabelo ficar mais crespo.
5. ( ) Vai alisar o cabelo.
6. ( ) Vai passar máquina zero.
7. ( ) Vai fazer as sobrancelhas.
8. ( ) Vai se maquiar.

Figura 1

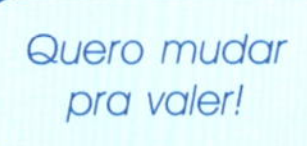

Figura 2

Só quero cortar um pouco a franja e aparar as pontas.

Não corte muito, por favor.

Mantenha o mesmo corte.

Quero cortar e fazer escova.

Alguns cortes de cabelo:
chanel - repicado - máquina zero...

EXPRESSÕES IDIOMÁTICAS

Complete as orações com o nome do animal que está faltando.

boi - cachorro - cobra
macaco - gato - cavalo

1. Pare de gracinhas. Não vê que estou superocupado. Não me aborreça! Vá pentear ________________.
2. Cuidado com os comentários maldosos daquele rapaz. Ele é pior do que ________________.
3. Não consegui estudar na biblioteca, pois tinha uma pessoa ao meu lado que falava pra ________________. Não parou de reclamar um segundo sequer.
4. Olhem, meninas! Vejam que ________________ acabou de sair daquele elevador. Ah! O homem dos meus sonhos!
5. Não venha com essa conversa fiada. Não dá pra acreditar. Isso é história pra ____________ dormir.
6. Que horror! Comendo feito um ____________ ____________ você não vai conseguir emagrecer nunca.

UNE, DUNE, TÊ, A ESCOLHIDA FOI VOCÊ!!!

Escreve-se com E ou I?

1. ant__ontem
2. camp__ão
3. crân__o
4. requ__s__to
5. d__sent__ria
6. esqu__sito
7. pr__v__légio
8. mer__t__ss__mo
9. merc__aria
10. emp__cilho
11. pal__tó
12. cad__ado
13. p__nico
14. p__r__quito
15. art__f__c__o

MINHAS EXPECTATIVAS

PESOS E MEDIDAS

ACENTUAÇÃO

PRESENTE E FUTURO DO SUBJUNTIVO

PRONOMES PESSOAIS OBLÍQUOS

EXPRESSÕES IDIOMÁTICAS

ORTOGRAFIA: G/J

REVISÃO

PRESENTE E PRETÉRITO PERFEITO DO INDICATIVO

1. Relacione as informações no quadro, utilizando os símbolos apresentados.

Os netos da dona Júlia não vêem a hora de começar a festa. Mas ainda é cedo! A vovó coruja saiu agora para as compras e os netos estão na torcida!

Podem variar		Devem combinar	
1. Exemplo: ▲	a	1	7
2			
3.			
4.			
5.			
6.			
7.			
8.			
9.			
10.			

Exemplo: ***Tomara que ela traga litros e litros de groselha para as raspadinhas.***

A	B
▲ Tomara que	a. ela traga
■ Espero que	b. ela compre
● Duvido que	c. ela não se esqueça de
	d. ela não se lembre de trazer

C	D
1. litros e litros de	1. uvas verdes para a sobremesa
2. quilos e quilos de	2. alface para enfeitar os rocamboles nas travessas
3. pacotes e pacotes	3. salsicha para os cachorros-quentes
4. latas e latas de	4. escarola para as pizzas
5. dúzias e dúzias de	5. chicletes para a bexiga gigante
6. cachos e cachos de	6. leite condensado para os brigadeiros e beijinhos
7. caixas e caixas de	7. groselha para as raspadinhas
8. maços e maços de	8. bandeirinhas para decorar o salão
9. pés e pés de	9. refrigerantes em lata para a garotada
10. metros e metros de	10. limões para a deliciosa limonada

2. Foram retirados todos os ACENTOS das palavras dos textos que seguem. Acentue quando necessário, usando também o trema (··) e o til (~).

Foz do Iguaçu - Economia e Sociedade

1. A produçao agricola abrange as culturas de soja, milho e mandioca. Na pecuaria evidencia-se a criaçao de bovinos, equinos, caprinos e ovinos. Economicamente, Foz do Iguaçu pode ser considerada o centro de destaque do oeste do Parana, sendo que a comprovaçao da aquisiçao de vida propria, independente do progresso subito trazido pela Itaipu, esta no expressivo crescimento dos estabelecimentos comerciais e prestadores de serviços a partir do ano de 1983, principalmente ligados as atividades turisticas.
Grande numero de habitantes provenientes do Rio Grande do Sul, que originariamente se dedicaram a agricultura e alguns, posteriormente, ao turismo. Com Itaipu, mao-de-obra de varias localidades do Brasil se deslocou a cidade. Foz do Iguaçu e o segundo polo turistico nacional e o terceiro parque hoteleiro do Brasil.

(Fonte: www.webhotel.com.br/parana/turismo)

2. Que tal fazer reservas de hoteis, voos, contratar serviços de operadoras de mergulho, alugar carros e todos aqueles detalhes que nos dao dor de cabeça em uma viagem, sem sair de casa e, o melhor, de qualquer parte do mundo? Essa e a proposta da agencia virtual da Aquatrip. Via internet, atraves do site • HYPERLINK http://www.aquatrip.com voce tem uma lista completa de serviços, informaçoes e links, permitindo ao mergulhador planejar a viagem sem intermediarios ou, ainda, comparar preços e escolher os serviços que mais se adaptam ao seu roteiro.

(Fonte: texto extraído de ***Mergulho****, ano III, n. 37)*

3. "Nao aguento mais esta vida tranquila e saudavel demais! Quero ouvir os sons da bateria, beber guarana, comer linguiça no churrasco do vizinho e ficar preso no transito frequente da Avenida Paulista."

3. Use as EXPRESSÕES do quadro para se referir a cada uma das situações abaixo.

Tomara que - Espero que - Pena que - Desejo que - Duvido que - Talvez

Exemplo: ***Tomara que não chova!***

1.

____
____
____
____
____
____

Exemplo: ***Espero que ele chegue a tempo para a entrevista.***

2.

____
____
____
____
____
____

3.

Exemplo: ***Desejo que eles sejam muito felizes.***

____
____
____
____
____
____

4. Relacione as colunas, empregando corretamente o PRESENTE DO SUBJUNTIVO dos verbos em destaque.

1. É verdade? É melhor que... ( )
2. Ainda não trouxeram sua encomenda? Espero que... ( )
3. Você não fez a lição? É bom que... ( )
4. Ele não entendeu o texto? É melhor que... ( )
5. Vocês não conhecem o Sr. Brás? É bom que... ( )
6. Ela veio acompanhada? Espero que não... ( )

a. ESTAR sozinha. ______
b. SER mentira. ______
c. vocês SABER, pelo menos, que ele é o presidente da empresa. ______
d. o LER mais atentamente. ______
e. a FAZER para amanhã. ______
f. a TRAZER o mais rápido possível. ______

5. Hermes está prestes a mudar de emprego. Complete as frases com os verbos no PRESENTE DO SUBJUNTIVO.

1. Tomara que meu salário ______
2. Espero que meu chefe ______
3. Talvez meus colegas de trabalho ______
4. Desejo que meu novo horário de trabalho ______
5. Estou torcendo para que o escritório ______

Tomara que dê tudo certo!

6. De acordo com a previsão dos signos, dê um conselho para cada pessoa. Veja o exemplo.

AQUÁRIO | 21.01 - 19.02

Não acredite em tudo que ouvir hoje. Vá até a fonte e faça a sua própria investigação. Dia bastante conturbado em relacionamentos pessoais. Você pode ter um atrito sério com alguém de quem gosta muito.

Exemplo: ***Se acreditar em tudo que ouvir hoje, você poderá se dar mal.***

PEIXES | 20.02 - 20.03

Encontros e reuniões podem resultar em novas idéias bastante interessantes. Procure ser mais paciente com quem tem mais contato. Você às vezes exige mais do que os outros podem lhe dar.

ÁRIES | 21.03 - 20.04

Trabalhe nos bastidores. O melhor para você hoje será falar pouco e fazer muito. Você hoje poderá ter a chance de mostrar o seu valor, mas para isso não precisará gritar ou passar por cima de outras pessoas.

TOURO | 21.04 - 21.05

Um relacionamento pode ser responsável por faíscas se espalhando por todo lado. Procure se concentrar em amor e afeto e não em intrigas e confusão. Seu maior inimigo hoje pode ser a sua teimosia.

______

______

GÊMEOS | 21.05 - 20.06

Nem tudo estará à sua disposição quando precisar. Você hoje terá que lidar com pessoas que não cooperam, portanto use seu charme para superar a inveja e a negatividade.

____

____

____

CÂNCER | 21.06 - 22.07

Você está bem informado e tem controle sobre o que se passa ao seu redor, portanto não deixe ninguém levá-lo a acreditar no contrário. Seja firme e determinado e conseguirá realizar suas obrigações, exatamente da maneira como gostaria.

____

____

(Fonte: www.pernambuco.com/signos)

MAIS BRASIL

3. A. O capixaba e o gaúcho são respectivamente nascidos:

a. em Santa Catarina e Paraná

b. no Espírito Santo e no Rio Grande do Sul

c. no Rio Grande do Sul e Espírito Santo

3. B. De origem carioca e considerado um dos pratos brasileiros mais típicos, e é sempre acompanhado pela famosa caipirinha:

a. acarajé

b. tutu de feijão

c. feijoada

7. Responda às questões, substituindo as palavras sublinhadas por um PRONOME PESSOAL OBLÍQUO.

o - a - os - as - lo - la - los - las - lhe - lhes

Lembre-se:

Você pode chamar *Luís*, por favor? Sim, vou chamá-*lo*.
Você viu *Luís* hoje? Sim, eu *o* vi perto do corredor.
Você pode entregar o livro *ao Luís*? Sim eu *lhe* entregarei o livro amanhã à tarde.

1. Onde você conheceu Marcelo?

____

2. Você pode, por favor, chamar a enfermeira?

____

3. Vocês vão encontrar Rosa e Raul no restaurante?

____

4. Você já respondeu a este e-mail?

____

5. Alguém viu as crianças?

____

6. Onde você comprou esta bolsa?

____

7. Você poderia, por favor, dar este documento a Helena?

____

8. Você convidou todos os seus amigos para o casamento?

____

9. Você mostrou o relatório aos diretores?

____

10. Você pode copiar esta mensagem para Rafael?

____

8. Complete as frases com o verbo ESTAR no tempo adequado e relacione-as à coluna ao lado.

1. Eles (1) ______ mortos de fome, por isso...
2. Mesmo que você (2) ______ sem paciência...
3. Ele pensa que (3) ______ sempre certo e...
4. Eu (4) ______ com tanta sede que...
5. Nossa! Eu (5) ______ com uma dor de cabeça daquelas, por isso...
6. Nós (6) ______ com calor.
7. Nós (7) ______ com tanto frio ontem à noite que...

( ) nem sempre percebe as próprias falhas.
( ) Será que você poderia ligar o ar-condicionado?
( ) foram almoçar antes do meio-dia.
( ) acendemos a lareira para aquecer a sala.
( ) tem que esperar sua vez para ser atendido sem furar a fila.
( ) vou tomar um remédio agora mesmo!
( ) bebi quase um litro d'água!

9. Complete os diálogos abaixo com os VERBOS entre parênteses, colocando-os no TEMPO adequado. Diga em que tipo de estabelecimento é provável que estes produtos sejam encontrados.

A. Por favor, você (1) ______ (ter) este antibiótico?
B. (2) ______ (ter), mas só (3) ______ (vender) com receita médica.
A. Mas eu (4) ______ (comprar) na semana passada na farmácia perto da minha casa e a balconista não (5) ______ (pedir) nenhuma receita!
B. Aqui nós (6) ______ (precisar) da receita; não (7) ______ (poder) vender antibióticos sem receita. Sinto muito!

Estabelecimento: ______

A. (8) ______ ajudar? (poder)
B. (9) ______ sim, por favor. Eu ganhei estas sandálias de presente de aniversário, mas (10) ______ (ficar) pequenas. Você (11) ______ (ter) um número maior?
A. (12) ______ (ter), mas só em preto ou bege. A marrom já (13) ______ (acabar).
B. Mas eu (14) ______ (precisar) de um par na cor marrom!
A. Por que a senhora não escolhe outro modelo?
B. Boa idéia!

Estabelecimento: ______

A Meu marido (15) ______ (comprar) este ferro elétrico a vapor nesta loja, mas não está funcionando.
B. A senhora (16) ______ (trazer) a nota fiscal?
A. Ai, meu Deus! (17) ______ (esquecer) a nota em casa!
B. Sinto muito, mas só (18) ______ (poder) trocá-lo com a nota.
A. Eu (19) ______ (saber). (20) ______ (voltar) amanhã.

Estabelecimento: ______

EXPRESSÕES IDIOMÁTICAS

Relacione as colunas.

1. Droga!	**a. (2) Que sarada, hein?**	( ) Não apareceu.
2. Nossa!	b. ( ) Não me diga que... aprontou de novo!	( ) Arranja problemas.
3. Puxa vida!	c. ( ) Hoje estou novinha em folha!	**(2) Mulherão!**
4. Mas que coisa!	d. ( ) Ele deu o cano!	( ) Eu me sinto bem. Estou descansada!
5. Legal!	e. ( ) Você só me traz pepinos!	( ) Fez algo errado outra vez.

UNE, DUNE, TÊ, A ESCOLHIDA FOI VOCÊ!!!

Escreve-se com G ou J?

1. gor__eta	5. tra__e	9. __íria	13. li__eiro
2. su__estão	6. __ibóia	10. berin__ela	14. __en__iva
3. estran__eiro	7. ti__ela	11. ma__estade	15. can__ica
4. sar__ento	8. __eada	12. __eito	

MEUS SONHOS E DESEJOS

IMPERFEITO DO SUBJUNTIVO

PREPOSIÇÕES

VERBO ESTAR (IMPERFEITO) + GERÚNDIO

EXPRESSÕES IDIOMÁTICAS

ORTOGRAFIA: X, SE, SS, C

REVISÃO

ACENTUAÇÃO

SEPARAÇÃO SILÁBICA

PRONOMES INTERROGATIVOS

PRESENTE DO SUBJUNTIVO

1. Como no quadro abaixo, escréva uma frase dizendo o que você faria se...

(*ter*) mais tempo livre.

SE eu TIVESSE mais tempo livre, JOGARIA mais tênis.

(SE — SE; TIVESSE — IMPERFEITO DO SUBJUNTIVO; JOGARIA — FUTURO DO PRETÉRITO)

COMPRARIA um carro de luxo SE TIVESSE dinheiro.

(COMPRARIA — FUTURO DO PRETÉRITO; SE — SE; TIVESSE — IMPERFEITO DO SUBJUNTIVO)

1. (*ganhar*) R$ 50.000,00 na loteria.

____

2. (*prever*) o futuro das outras pessoas, mas não o seu.

____

3. (*estar*) desempregado.

____

4. (*engordar*) 20 kg.

____

5. (*ser*) atleta profissional.

____

2. Em cada frase do diálogo há uma palavra que deve ser acentuada. Encontre a palavra e acentue-a.

1. Existe alguem que possa me ajudar nesta pesquisa?
2. Não conheço ninguem.
3. Qual e o assunto?
4. Receitas que usem linguiça.
5. Fique tranquilo, Renata pode ajudá-lo.
6. Ah! Como não pensei nela antes! Tenho fe que se interesse pelo assunto.
7. Ela vai poder mostrar como fazer um video mostrando algumas receitas.
8. Vou precisar de tres receitas diferentes.
9. Boa sorte! Vou indo, pois tenho que passar no escritorio.

3. As frases abaixo estão no PRESENTE DO INDICATIVO, pois estão expressando um fato real. Transforme-as no PRESENTE DO SUBJUNTIVO para que possam expressar uma probabilidade, dúvida ou suposição.

Exemplo:
Sérgio é um professor competente →
Acredito que <u>Sérgio seja um professor competente.</u>

1. Sílvio é sempre muito organizado.
   Creio que ______________________________
   ____

2. Silvana nem sempre está de bom humor.
   Talvez ______________________________
   ____

3. Sandro esquece de apagar a luz antes de dormir.
   É provável que ______________________________
   ____

4. Sônia vai passar no vestibular para Direito.
   Tomara que ______________________________
   ____

5. Salomão e Sara são felizes.
   Desejo que ______________________________
   ____

6. Sueli não viaja todo fim de ano.
   Lamento que ______________________________
   ____

7. Sandoval sempre se atrasa para as reuniões.
   Lamento que ______________________________
   ____

8. Silmara não quer se aposentar.
   É improvável que ______________________________
   ____

4. Você acaba de comprar um apartamento e precisa mobiliá-lo. Escolha pelo menos quatro itens que você compraria, de imediato, para os seguintes cômodos:

1. sala de jantar
   ____
2. sala de estar
   ____
3. sala de televisão
   ____
4. quarto
   ____
5. banheiro
   ____
6. cozinha
   ____
7. área de serviço
   ____

5. Se você fosse passar um dia na praia, ou viajar a negócios, o que você levaria na sacola/mala?
Escreva (1) para praia e (2) para negócios e, abaixo de cada gravura, o nome do objeto/item.

6. a. Complete as frases abaixo usando o IMPERFEITO DO SUBJUNTIVO.

Exemplo: ***Nós passaríamos o carnaval no Rio se fosse barato.***

1. Telma viajaria para o Pantanal se ______
2. Os funcionários viriam trabalhar de metrô se ______
3. Eduardo depositaria o dinheiro na poupança se ______
4. Ela não o promoveria se ______
5. Pedro estaria a par do projeto se ______
6. Eu faria um trabalho voluntário se ______
7. Gustavo voaria de asa delta se ______
8. A taxa de desemprego não estaria tão alta se ______
9. O tráfego desta cidade não seria tão caótico se ______

b. Complete as frases abaixo usando o FUTURO DO PRETÉRITO.

Exemplo: ***Se eu fosse solteira/casada, não poderia aceitar esse emprego, pois tenho que viajar muito.***

1. Se nós pudéssemos, ______
2. Se o português dele fosse melhor, ______
3. Se Francisco nos dissesse tudo o que sabe, ______
4. Se o Governo combatesse a sonegação, ______
5. Se eles economizassem mais, ______
6. Se o Brasil não fosse tão grande, ______
7. Se o custo de vida não fosse tão alto em São Paulo, ______
8. Se a seca do nordeste acabasse, ______

7. Beto está no intervalo de aula de um curso recém-iniciado e decide bater um papo com Diana, uma das garotas que fazem parte do grupo dele e que ele gostaria muito de conhecer. Continue o bate-papo entre os dois, fazendo perguntas com as palavras abaixo.

o que - quanto - onde - quantos
quantas - qual - quando - como - quais

Beto: Oi, eu sou o Beto. Estamos na mesma sala. Eu estou lá no fundão.

Diana: Oi, Beto. Meu nome é Diana, mas todos me chamam de Di. Eu vi quando você chegou, um pouco atrasado, e derrubou a carteira quase no pé do professor.

B: Puxa, você viu que mancada? E logo no primeiro dia de aula.

D: Mas esse professor parece ser legal!

B: ______

D: ______

8. a. As atividades abaixo estavam acontecendo ao mesmo tempo. Descreva-as, como no exemplo.

Exemplo: *Enquanto alguns estavam chegando, outros já estavam indo embora.*

2. Enquanto ______________________

3. Enquanto ______________________

b. As atividades abaixo estavam acontecendo quando foram interrompidas. Descreva-as.

Exemplo: *Estávamos conversando quando começou a chover.*

1. ______________________

2. ______________________

9. Usando as EXPRESSÕES POPULARES abaixo, substitua adequadamente as palavras que estão entre parênteses no texto.

> bater papo - cair do cavalo
> cara-de-pau - dar o cano
> estar com dor-de-cotovelo
> ficar de cara amarrada
> pra chuchu

Fiquei de **(conversar)** (1) ______________ com minha amiga Letícia na semana passada, mas ela **(não apareceu)** (2) ______________. Ela estava certa de que, quando nos encontrássemos, eu não estaria mais zangada com ela, mas ela **(se enganou)** (3) ______________. Quando nos vimos no restaurante, ela me disse, **(sem a menor cerimônia)** (4) ______________, que havia esquecido o nosso compromisso. Eu fiquei **(aborrecida)** (5) ______________ com ela e aproveitei a ocasião para dizer-lhe que tinha visto seu paquera saindo do cinema com Cristina. Ao saber disso, começou a me fazer muitas perguntas. Acho que está com **(ciúme)** (6) ______________ porque ele preferiu convidar Cristina em vez dela. Você o conhece? Ele é **(muito)** rico (7) ______________.

10. Escreva sobre uma de suas férias respondendo às seguintes perguntas:

1. Quando e para onde você foi?
2. Com quem você foi?
3. Por que esse local foi escolhido?
4. Qual o meio de transporte utilizado?
5. Quanto tempo ficou?
6. O que você fez/visitou/comeu/bebeu?
7. O que você achou das férias?

11. Você conhece algum "cicloturista"? Separe as sílabas das palavras sublinhadas no texto abaixo:

Cicloturismo

Por ser uma prática relativamente recente e ainda pouco difundida no Brasil, não existe uma definição ou conceito para essa forma de usar a bicicleta. Uma paixão, *hobby*, um estilo de vida, ou tudo isso unido num único objetivo: subir numa bicicleta e com suas próprias forças, alcançar uma meta.
Classifico os cicloturistas ou as formas de fazer cicloturismo em três tipos:

- *Os cicloturistas de velocidade*: São aqueles que confundem cicloturismo com competição e fazem das viagens uma tortura, uma verdadeira batalha contra o cronômetro e contra si próprio.
- *Os cicloturistas aventureiros*: São os que fazem da viagem um estilo de vida, sem se preocuparem com tempo, distância ou qualquer coisa que venha tornar o ato de pedalar numa obrigação.
- *Os cicloturistas turistas* (*no qual me enquadro*): São aqueles que partem do desejo de conhecer um lugar específico, planejam um roteiro e durante a viagem desfrutam ao máximo de tudo que fizer parte dela, somente com a certeza do horário da saída, em cada dia durante a jornada.

(Fonte: Alexandre de Souza ***www.geocities.com/Colosseum/Midfield****)*

1. ______________________________
2. ______________________________
3. ______________________________
4. ______________________________
5. ______________________________

12. Complete as perguntas abaixo com as preposições: *a*, *à* (preposição a + artigo a), *ao* (preposição a + artigo o), *de*, *com*, *para*.

1. Você já fez alguma viagem longa ______ bicicleta?
2. Você já foi ______ praia ______ bicicleta ou ______ motocicleta?
3. Você praticaria cicloturismo ______ emagrecer?
4. Você costuma andar mais ______ carro, ______ ônibus ou ______ bicicleta?
5. Você costuma fazer ecoturismo ______ amigos e ______ a família?
6. Se você estivesse hospedado em um hotel no Rio de Janeiro, você gostaria ______ ir ______ Pão de Açúcar ou ao Cristo Redentor ______ bicicleta?
7. ______ quem você viajou nas últimas férias? ______ onde vocês foram?

EXPRESSÕES IDIOMÁTICAS

a. Puxa vida! Vocês me pegaram de calça curta! Não tenho a resposta de imediato.
b. Ninguém mandou dar tanta liberdade. Agora ela já está colocando as manguinhas de fora!
c. Folgado é colarinho de palhaço!
d. Ele não pode ver um rabo-de-saia, que já sai correndo atrás.

O QUE SIGNIFICA CADA EXPRESSÃO SUBLINHADA?

1. mulher bonita ( )
2. desprevenido, sem aviso ( )
3. Ele é muito mais folgado do que você está dizendo. ( )
4. Abusando da confiança dada. ( )

UNE, DUNE, TÊ, A ESCOLHIDA FOI VOCÊ!!!

Escreve-se com X , SC, SS ou C?

1. con__iência	6. a__elerado	11. ca__ino
2. di__iplina	7. a__édio	12. a__ensão
3. acré__imo	8. fa__ículo	13. a__inatura
4. e__pansão	9. pró__imo	14. a__obio
5. mer__enário	10. má__imo	15. a__ustado

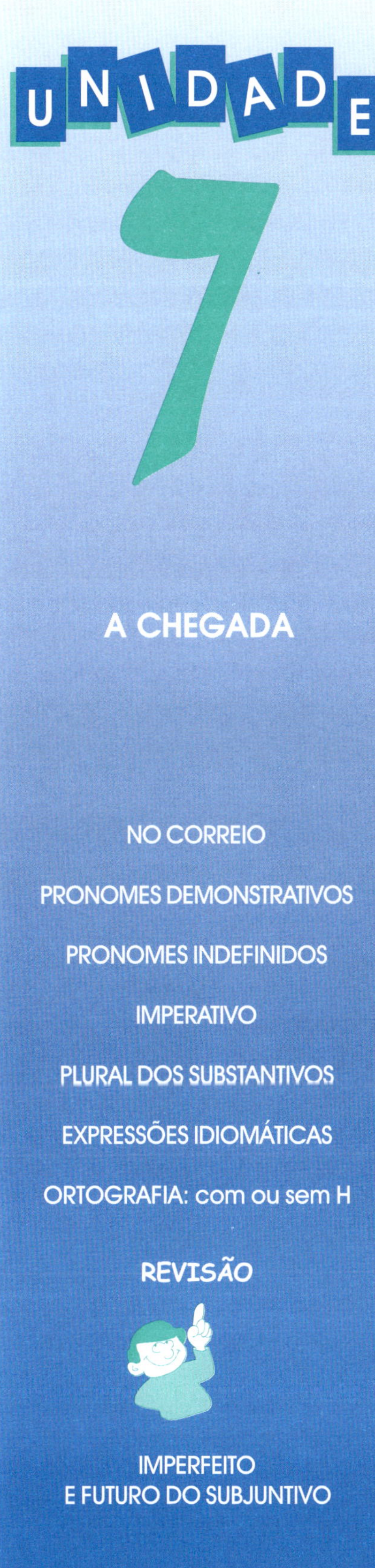

1. Encontre na cruzada a palavra referente ao que cada pessoa está descrevendo:

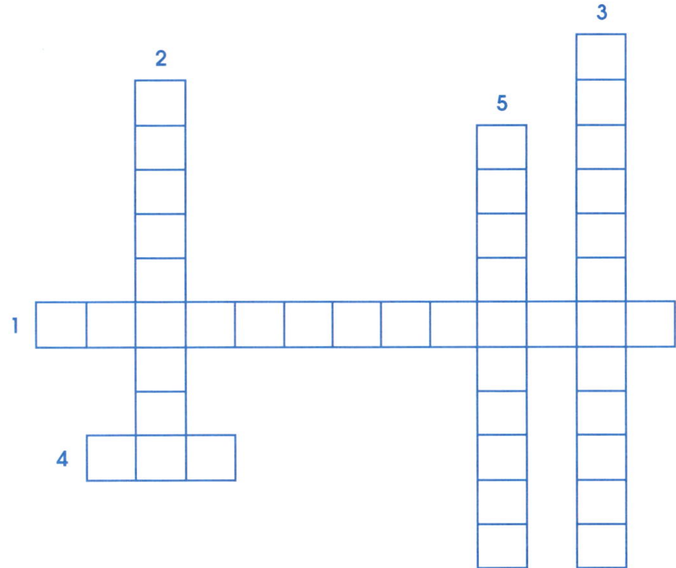

1. Eu o recebi quando minha irmã viajou para o Pantanal. A foto dele era linda. Ela escreveu que estava com saudades e que voltaria em três semanas.
2. Eu havia me esquecido do aniversário de minha melhor amiga. Só me lembrei no dia, já no final da tarde. Resolvi, então, enviar-lhe, de uma maneira bem rápida, uma mensagem de felicidades. Eu tinha somente o endereço dela, pois seu telefone havia mudado. Como consegui cumprimentá-la pelo seu aniversário?
3. Escrevi seis cartas para um programa de televisão, um concurso, em que seriam sorteadas viagens. Todas elas voltaram. Esqueci-me de um detalhe muito importante: o endereço completo do...
4. Pedi que ele enviasse seu currículo diretamente para o escritório. Dei-lhe o número do telefone e o instruí a pedir o sinal. Caso a cópia não estivesse legível, entraríamos em contato.
5. Precisava ter certeza de que a carta chegaria ao seu destino e à pessoa certa, por isso, paguei um pouco mais caro e optei por mandar uma carta...

2. Por economia de espaço, costuma-se abreviar muitas palavras em anúncios e telegramas. Escreva por extenso o que foi abreviado nos textos abaixo.

1. p/: ______________________
   pgto: ______________________
   desc.: ______________________
   3x s/j: ______________________
   q.q.: ______________________

REDES DE PROTEÇÃO
p/ janelas.
Pgto fácil, desc. 10% à vista / 3x s/j.
Cobrimos q.q. oferta.

2. Ch. 30/60: ______________________
   salg.: ______________________
   sand.: ______________________
   Entr.dom.: ______________________

DOCES E SALGADOS
Ch.30/60 ou 3x.
Salg, doce, bolos, sand. Metro.
Entr. dom.

3. constr.: ______________
prof.: ______________
estac.: ______________
pisc.: ______________
infra-estr.compl.: ______________
c/ ou s/ : ______________

LOCAÇÃO DE ESPAÇO
1000m² de constr., som prof., 300 vagas estac., lago, pisc. infra-estr. compl., c/ ou s/ serviços de buffet.

4. pcte.: ______________
p/12 pes.: ______________
dorms.: ______________
churr.: ______________
c/ Sônia: ______________
F.: ______________

TEMPORADA
Praia de Pernambuco
pcte de férias 10 dias R$4.000 p/12 pes, 4 dorms., churr. C/ Sônia. F. 44429876.

5. Próx.: ______________
f.semana: ______________
c/3 ref/dia: ______________
120 km/SP: ______________
pg em 2x: ______________

Pousada
Próx. ao mar.
F. semana e férias
c/ 3 ref/dia.
120 km/SP.
Pg em 2x.

6. Popul.: ______________
Pts.: ______________
C/Km: ______________
sem.: ______________
men.: ______________
C/C: ______________

Alugam-se
VEÍCULOS
popul. 2 e 4 pts
R$55/dia
c/Km livre,
R$330/sem.
e R$ 990/men.
C/C Visa.

3. Responda às questões com um PRONOME INDEFINIDO do quadro abaixo. O mesmo pronome pode ser usado mais de uma vez. Use outros elementos para que sua resposta fique completa. Veja o exemplo.

Exemplo: *Você come muito? Sim, eu como muita massa e tomo muito refrigerante.*

bastante - muito - muita - muitos muitas - qualquer - uns - umas pouco - poucas - alguns - algumas todo - todos - alguém - ninguém nenhum - nenhuma - demais - vários várias - diversos - diversas

1. Há quantos meses você está aprendendo português?
____
2. Você já conhece os alunos e professores da escola?
____
3. Quantas pessoas há na sua sala de aula?
____
4. Você sempre vai às aulas?
____
5. Quem está chamando você?
____
6. De que doces brasileiros você gosta?
____
7. Quem falou mal de você para o chefe?
____
8. Você estuda muito?
____
9. Num vôo, você prefere corredor ou janela?
____
10. Quanto custou aquele vinho que você trouxe de Portugal?
____

4. Rafael vai se mudar para o exterior e, por isso, precisa vender suas coisas. Use os PRONOMES DEMONSTRATIVOS para descrever tudo o que Rafael tem na sua sala. Atribua ADJETIVOS e preços aos objetos.

Exemplo: *Aquelas são cortinas de seda francesa. Elas custam 2.500 reais.*
Esta é minha estatueta preferida. Ela vale uns 480 reais.

____
____
____
____
____
____
____
____
____

MAIS BRASIL

4. A. Um passeio pelo Mercado Municipal, um giro pela Pinacoteca do Estado, próxima à Estação da Luz, e um chope na esquina mais famosa do Brasil: a Av. Ipiranga com a Av. São João. Esse é um bom programa para o fim de semana do:

a. carioca

b. mineiro

c. paulista

4. B. Não tem desculpa: de manhã, praia. As melhores são Aleluia e Flamengo. Depois do bronze, caranguejo. À tarde, um pulo no Pelourinho para ouvir o batuque da Didá, grupo feminino de percussão. Um dia de diversão garantido para o:

a. baiano

b. carioca

c. gaúcho

5. Complete o diálogo usando os verbos do quadro no IMPERATIVO.

dirigir - parar - obedecer - tirar prestar - engatar- preocupar - mudar colocar - ficar - pisar - ter ultrapassar - ser

Pai: Bem, filho, vamos lá. (1) ______________ bastante atenção.

Filho: Tudo, bem, paizão. Não se (2) ______________. Eu vou aprender rápido!

Pai: Primeira coisa: (3) ______________ o cinto de segurança. Nunca (4) ______________ sem usar o cinto. Agora, (5) ______________ na embreagem e (6) ______________ a primeira marcha.

Filho: Qual é a embreagem?

Pai: É o pedal da esquerda... Isso, meu filho! Muito bom. Bem, agora, (7) ______________ o pé da embreagem, aos poucos, e vá acelerando...

Filho: Assim, pai?

Pai: É, meu filho. Só que mais devagar...

Filho: E agora, pai, o que devo fazer?

Pai: (8) ______________ para a segunda e terceira marchas e (9) ______________ na pista da direita... Assim mesmo. Não (10) ______________ pressa e não (11) ______________ os outros carros. (12) ______________ paciente e (13) ______________ a seu pai. (14) ______________! O farol fechou! O farol fechou!

6. Observe o mapa e complete as instruções para Jorge e Sandra. Ambos querem chegar ao restaurante chinês.

Jorge: ______________ em frente até o primeiro farol e ______________ à direita. ______________ a padaria e ______________ a ladeira do Ipê. O restaurante fica no fim da rua, à esquerda.

Sandra: ______________________________

7. Substitua os sinais de trânsito por palavras e continue a história.

Ontem eu, realmente, tive *um dia de cão*. Um policial me parou quando eu estava quase chegando em casa. Primeiro, ele me passou um sermão de umas duas horas: 'Onde a senhora vai com tanta pressa? Primeiro, a senhora (1) ______________, depois, quase atropelou um senhor, quando (2) ______________. Logo em seguida, se livrou de um acidente, por um triz, quando não (3) ______________ e, pra piorar, entrou nesta rua residencial a mais de 80Km/h, sendo que (4) ______________...' O guarda falou tanto, que imaginei que ele queria receber uma graninha por fora. Tomei coragem e disse: 'Seu guarda, se o senhor for me multar, multe logo, pois ainda tenho que pegar as crianças na escola e levar estas encomendas para minhas freguesas'. *Aiaiai!* O policial se enfezou: 'Eu não só vou multar a senhora, como vou apreender o seu veículo.'. Aí, você pode imaginar o resto do meu dia. Eu tive que...

8. Foram retiradas as formas de PLURAL das palavras ou frases em negrito do texto abaixo. CORRIJA o texto, reescrevendo-o em seu caderno.

É tempo de férias. **O sintoma é percebido rapidamente**. Na televisão, **começa a pipocar a interminável reprise de filme infanto-juvenil, classificada** como "Festival de Férias". **A mãe começa a enlouquecer com o pequenino** brincando freneticamente, de um lado para o outro. E o sossego acaba. Que tal, no entanto, tornar **a coisa um pouco mais divertida** e dividir com **o garoto a emoção da viagem inesquecível?**

(Fonte: texto adaptado de ***Mergulho****, ano III, n. 37)*

9. Veja a lista de possíveis acontecimentos e decida se eles podem ocorrer com você ou se dificilmente poderiam acontecer. Para o primeiro caso, use o FUTURO DO SUBJUNTIVO e para o segundo, use o IMPERFEITO DO SUBJUNTIVO, como no exemplo.

Exemplo: ***Se/Quando eu for promovido, vou comprar um carro novo. (Acredito que isso possa acontecer comigo.) Se eu fosse promovido, compraria um carro novo. (Pode ser que isso aconteça, mas acho um pouco difícil.)***

1. ser promovido
2. ser demitido
3. falar um outro idioma fluentemente
4. mudar-se para o Exterior
5. começar seu próprio negócio
6. ganhar um milhão de reais
7. comprar uma casa nova no campo
8. ficar preso num elevador
9. seu chefe o convidar para jantar na casa dele
10. chegar em casa, antes das 19h, numa segunda-feira

10. Viva bem! Para cada gravura escreva, em seu caderno, duas dicas para uma vida mais saudável! USE O IMPERATIVO.

Exemplo: ***Número 9 - Viva no presente. Festeje todos os bons momentos de sua vida.***

1.

2.

3.

4.

5.

6.

7.

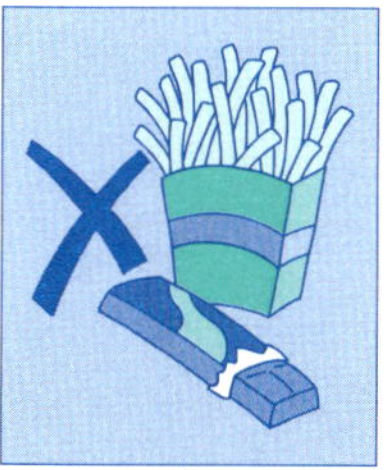
8.

9.

11. Ordene a conversa ao telefone entre Dona Marta e o funcionário do correio.

( ) Eles têm urgência no recebimento?

( ) Coloque tudo dentro de um envelope simples, que nós providenciaremos a embalagem adequada aqui no Correio.

( ) Sugiro, então, que a senhora envie tudo por Sedex.

( ) Por nada. Sempre às ordens.

( ) Realmente é um pouco mais caro, mas vale a pena. É mais rápido e seguro.

(1) Agência dos Correios, Guarulhos. Bom dia.

( ) Muito obrigada pela atenção.

( ) E quanto à embalagem?

( ) Sim, bastante. Principalmente o documento.

( ) Pois não.

( ) Mas não é muito caro?

( ) Eu tenho que mandar para os meus pais, em Recife, duas fitas de vídeo e um documento muito importante. Qual seria a maneira mais segura de enviar?

( ) Bom dia, eu preciso de uma informação sobre envio e embalagem.

12. Use os verbos do quadro abaixo no IMPERATIVO para completar os diálogos.

tirar - puxar - levantar - vir - jogar
trazer - pegar - ligar - dar - tentar

1. A: Mãããeeeee..., estou com fome.
   B: Pois então, __________ do sofá e __________ alguma coisa na geladeira.

2. A: Professora, não consigo enxergar o que a senhora escreveu no quadro.
   B: Pois então, __________ aqui pra frente.

3. A: O senhor precisa de mais alguma coisa?
   B: Sim, __________ o jornal e __________ pra minha esposa, por favor. Preciso falar com ela o mais rápido possível. Se não conseguir em casa, __________ no celular.

4. A: Como se abre isto aqui?
   B: __________ o lacre e __________ a tampa pra cima.

5. A: Dona Sandra, o que faço com estas revistas velhas?
   B: __________ fora ou __________ pra alguém.

EXPRESSÕES IDIOMÁTICAS

No stress do dia-a-dia, é inevitável ouvir, no trânsito, expressões como as que seguem.

Una as expressões e escreva (M) se você a diria para uma mulher ao volante, ou (H) se você a diria para um homem dirigindo.

1. ( ) Seu — a. de chumbo! ( )
2. ( ) Vá — b. o pé do freio! ( )
3. ( ) Pé — c. roupa, dona Maria! ( )
4. ( ) Tire — d. barbeiro! ( )
5. ( ) Vá lavar — e. esquentar a barriga no fogão! ( )

UNE, DUNE, TÊ A ESCOLHIDA FOI VOCÊ!!!

Escreve-se com ou sem H?

1. ___abilidade	9. ___ abilitação
2. ___ ágil	10. ___ álito
3. ___ orizonte	11. ___ onipotente
4. ___ ira	12. ___ erança
5. ___ estátua	13. ___ erói
6. ___ êxito	14. ___ igiene
7. ___ ingênuo	15. ___ erva
8. ___ oje	16. ___ itálico

U N I D A D E

8

O PAÍS E O IDIOMA

CULINÁRIA BRASILEIRA

AUMENTATIVO E DIMINUTIVO

VOZ PASSIVA

EXPRESSÕES IDIOMÁTICAS

ORTOGRAFIA: SÃO, ÇÃO

REVISÃO

PRONOMES OBLÍQUOS

IMPERATIVO

Culinária brasileira

Cada povo tem a sua cozinha, sua maneira de preparar os alimentos. No Brasil a **culinária** é **vasta**, original e uma das mais expressivas do mundo. Ao longo dos 500 anos o brasileiro **assimilou** e transformou as cozinhas dos europeus, principalmente a portuguesa, a dos africanos e a do Oriente, mantendo **intacta** a cozinha dos brasileiros que já estavam aqui quando o Brasil foi descoberto: a culinária dos índios da Amazônia e do Pantanal. Dos índios brasileiros a culinária brasileira herdou os pratos feitos a base de mandioca, alimentos cozidos ou assados na folha da bananeira, a canjica e a pamonha, feita com milho. A cozinha nacional sem esses **quitutes** seria bem mais pobre, assim como os pratos de origem portuguesa e africana. Sarapatel, panelada, buchada, cozido não são de origem africana, mas portuguesa. O sarapatel o português trouxe da Índia. Do cozido veio a idéia de incluir o feijão preto ou mulatinho, com carnes e muitas verduras, tentando fazer um prato único, surgindo assim a feijoada preparada à moda carioca, baiana e nortista. A **doçaria** de origem portuguesa também é variada: pudim de iáiá, arrufos de sinhá, bolo de noiva, pudim de veludo. Vieram de Portugal também muitos quitutes **mouriscos** e africanos: alfenim e o cuscuz, por exemplo. A presença africana na mesa brasileira tem no dendê seu grande representante, assim como na pimenta malagueta e da Costa, trazidas pelos negros da África. A palmeira de onde se extrai o azeite foi trazida da África para o Brasil nas primeiras décadas do século XVI. Todos os pratos vindos do continente africano foram reelaborados, recriados, no Brasil, com os elementos locais e o azeite de dendê. O inhame é africano, mas já era conhecido em Portugal. O caruru é prato africano. Cada região tem suas comidas ou pratos típicos que caracterizam a culinária. No **Norte**, por causa das florestas e rios e **influência** indígena, predominam as frutas, peixes e a mandioca. No **Nordeste**, vê-se a predominância do coco, que veio da Índia, do dendê, de feijões, inhame, macaxeira, doçaria variada, peixes e crustáceos, destacando-se na região a culinária baiana, com uma grande influência africana e a de Pernambuco, com pratos como buchada de bode e alfenins, um doce de açúcar branco de cana-de-açúcar. No **Centro-Oeste**, por causa dos grandes rebanhos de gado bovino, há predominância dos pratos de carne, bebida com erva-mate, peixes, aves e caça do Pantanal. No **Sudeste**, devido a sua característica cosmopolita há todos os sabores do mundo. No Rio de Janeiro, pode-se citar como típico a feijoada carioca, feita de feijão-preto e em São Paulo o cuscuz paulista. No **Sul**, por conta da imigração há muita influência das cozinhas italianas, alemãs, polonesas entre outras. É a região das carnes, preparadas como churrasco, além de lingüiças temperadas e picantes e o famoso chimarrão.

(Fonte: www.funjad.gov.br)

1. Relacione as palavras da esquerda com a sua respectiva definição à direita:

1. Vasta ( ) arte de cozinhar
2. Intacta ( ) petiscos, iguarias
3. Culinária ( ) ampla, grande
4. Quitutes ( ) não tocada, pura
5. Mouriscos ( ) relativo aos mouros: povos que habitavam a Mauritânia

2. De acordo com o texto, cite exemplos herdados da culinária:

a. indígena: ______________________________

____

b. portuguesa: ______________________________

____

c. africana: ______________________________

____

3. Com base no texto, faça três perguntas e dê as respostas.

____

____

____

____

____

____

____

____

____

____

4. Coloque as frases dos diálogos em ordem.

Diálogo 1

Ao chegar a um restaurante:

(   ) Esta é sua senha. Por favor, aguarde que chamaremos pelo número.

(   ) De nada. Fiquem à vontade!

(1) Boa noite! Pois não.

(   ) Fumantes.

(   ) Uns 30 minutos, no máximo.

(   ) Mesa para 4, por favor.

(   ) Quanto tempo de espera?

(   ) Fumantes ou não fumantes?

(   ) Então, iremos aguardar. Obrigado.

Diálogo 2

Já na mesa, o garçon entrega o cardápio.

(   ) Ainda vamos escolher. Quando você trouxer a bebida, pediremos.

(1) O que vão beber?

(   ) Ok.

(   ) Já querem fazer o pedido?

(   ) Um chop, um suco de laranja sem acúçar, uma coca e uma água com gás.

5. No texto abaixo, coloque os verbos no tempo adequado e explique com suas palavras ou dê um sinônimo para as palavras sublinhadas.

Tempero de história

As curiosidades sobre as origens dos pratos nacionais. Talvez sofisticados gourmets (1) ______________ (desconhecer) que a primeira moqueca de peixe da qual se tem notícias era (2) ______________ (preparar) pelos índios com carne de gente. Em carta sobre os costumes brasileiros (3) ______________ (escrever) em 1554, o padre português Luís de Grã (4) ______________ (explicar) que, "quando se dispunham a comer carne humana, os índios assavam-na na labareda". Mais tarde, a grelha de varas (o moquém), foi (5) ______________ (substituir) pela panela e a carne, pelo peixe. Já o bobó de camarão (6) ______________ (ser) um prato de prestígio no Rio de Janeiro desde a Independência do Brasil e, assim como várias outras receitas baianas, (7) ______________ (ter) motivações religiosas. A combinação do crustáceo com inhame, gengibre, amendoim e castanha de caju (8) ______________ (funcionar) como um "mosaico ritualístico para aproximar o homem das entidades sobrenaturais".

*(Fonte: tempero de história, Celina Côrtes [trecho], revista **Isto É**, 13/12/2000)*

a. gourmets

____

b. moqueca

____

c. labareda

____

d. bobó de camarão

____

e. crustáceo

____

6. Leia o texto "Mania de prestação" e relacione as definições das palavras e expressões em negrito da coluna A com a sua respectiva definição na coluna B.

Mania de prestação

Para milhões de brasileiros , desde que o pagamento caiba no salário no fim do mês, não existe empréstimo caro.

(Carina Nucci)

Costuma-se creditar ao tino para negócios do apresentador Sílvio Santos a autoria da idéia segundo a qual os consumidores pobres são melhores pagadores porque prezam como ninguém o patrimônio de ter o **nome limpo na praça**. **Benevolente** com os mais desfavorecidos, a tese não sobrevive ao teste da realidade. Estudos e estatísticas mostram que os consumidores das faixas de renda mais baixas são justamente os que mais atrasam seus pagamentos – não por desvio de caráter, mas pela simples falta de dinheiro. Além de serem mais **suscetíveis** aos altos e baixos da economia, eles têm menos capacidade de negociação por não possuir emprego fixo nem **bens** para oferecer em garantia.

Embora conheçam essa situação melhor do que ninguém, os maiores grupos financeiros brasileiros encontraram motivo de sobra para se **engalfinhar** numa **disputa ferrenha** para emprestar dinheiro às classes C, D e E, que ganham até cinco salários mínimos. Nos últimos doze meses, o volume de empréstimo das financeira Finasa-Zogbi, Losango e Fininvest, as três maiores, subiu de 8 para mais de 10 bilhões de reais. Acostumados a serem ignorados pelos bancos, os consumidores de baixa renda estão sendo assediados pelas financeiras. O tapete vermelho foi estendido a empregadas domésticas, motoristas e garçons.

O risco de emprestar a pessoas não inseridas no universo bancário é compensado pelas taxas de juros. As financeiras cobram, em média, juros de 12% ao mês no empréstimo pessoal, o dobro da taxa cobrada pelos bancos a seus clientes tradicionais.

(Fonte: revista Veja, novembro 2004)

Coluna A	**Coluna B**
1. nome limpo na praça	( ) possessões patrimoniais
2. benevolente	( ) boa vontade para com alguém (especialmente para as pessoas de menor hierarquia)
3. suscetíveis	( ) agarrar-se ao adversário na briga
4. bens	( ) dura e obstinada, que não cede
5. engalfinhar	( ) pessoa sem restrição de crédito
6. disputa ferrenha	( ) que pode experimentar certas qualidades ou modificações

7. Escolha o AUMENTATIVO ou DIMINUTIVO adequado das palavras no quadro para dar um tom irônico, afetivo ou pejorativo para as frases abaixo:

cabeça - festa - dinheiro
trabalho - rapaz - menino
pão - trânsito - minuto - panela

1. Eta ________________ infernal! Em meia hora, só andei 2 km!
2. Você conheceu o novo vizinho? É um __________ de 1.90 m!
3. Que _______________ você tem! Boné nenhum fica bom!
4. Posso lhe interromper por um _______________?
5. O casamento de Silvia e Zé vai ser uma ______ ____________________. Eles estão gastando os tubos!
6. Eduardo é um _______________ , só tem tamanho, porque juízo que é bom, nada!
7. Vovó Dedé fazia um __________________ que era uma beleza!
8. Pôr essa empresa em ordem vai dar um _______________ dos diabos. Tudo está uma bagunça!
9. Mãe, você me dá um _________________ pra eu ir ao cinema?
10. Esta ________________________________ é muito pequena para esquentar toda esta comida.

8. Escolha um dos PRONOMES OBLÍQUOS do quadro para completar as frases.

me – se – si – nos – lhes – los – mim a - conosco – as - os – lhe - conosco

1. Todos no escritório _____ consideravam competente. E eu realmente era!
2. Enviei ______ um cartão de aniversário de Salvador. Acho que ele gostou!
3. Se Ângela não puder trabalhar por turno, transfira ______ para o horário administrativo.
4. Quero parabenizá-______ pelo excelente projeto que vocês desenvolveram. Vamos celebrar! Convido-______ para um Happy Hour hoje às 6h.
5. Assim que as passagens chegarem, por favor, coloque-______ em cima da minha mesa.
6. Solange _________ convidou para ficar na casa de praia dela, em Recife, mas acho que nós ficaremos num hotel.
7. Não podemos levar o cachorro _________, pois não são permitidos animais no hotel.
8. Decida-________ : você vai ou não ao estádio?
9. Disse para ____________ mesmo: "Hei de vencer ".
10. Conte-______ uma piada nova. Sei que eles vão adorar!
11. Luísa queria estar segura de _______ mesma antes de tomar a decisão.
12. Vocês irão __________ à passeata? Sairemos em dez minutos.

9. De acordo com o bilhete abaixo, escreva um diálogo, ao telefone, entre Renato e Lena esclarecendo as dúvidas dela.

Querido Renato,

Adorei seu convite para passar o fim de semana prolongado na sua chácara. Claro que aceito! Quem mais vai conosco?

Por favor, me ligue assim que puder para combinarmos os detalhes da viagem: carro (o meu ou o seu?), horário, supermercado e divisão de tarefas.

Estou esperando sua ligação.

Um beijo,

Lena

____

____

____

____

____

____

____

____

____

____

10. Desenhe a bandeira de seu país e descreva o que cada cor e/ou símbolo significa.

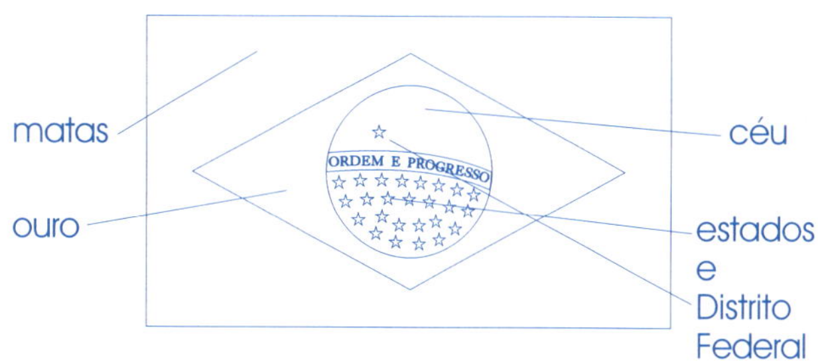

11. Reescreva as frases usando a VOZ PASSIVA.

1. O "Programa Escreve Cartas" auxilia as pessoas a se comunicarem por meio da leitura e da escrita.

   ____
2. A rua Oscar Freire, em São Paulo, concentra muitas lojas de "griffe".

   ____
3. Atenas sediou os Jogos Olímpicos de 2004.

   ____
4. O Rio de Janeiro sediará os Jogos Panamericanos de 2007.

   ____

5. Os brasileiros entregam a declaração do imposto de renda em abril.

____

6. Eu preparei o almoço em uma hora.

____

7. Nós fazemos compras todos os sábados.

____

8. Nós deletamos a mensagem sem querer.

____

9. O então presidente Juscelino Kubitschek transferiu a sede do Governo Federal para Brasília em 1960.

____

10. Lee Oswald matou John Kennedy.

____

12. Alguns ARTIGOS foram retirados do texto. Encontre sua posição adequada e escreva-os ao final de cada linha indicada. Indique também a crase quando necessário. Veja exemplo.

Exemplo: ***Mais do que ✓ homens, ✓ mulheres acima de 60 renovam suas vidas com muito entusiasmo e alegria.*** **os/as**

Começar de novo

Mesmo com filhos adultos, sem companheiro ou trabalho, mulheres reagem mais rápido à viuvez e aposentadoria. ___/___/___/___/___/
Elas vão luta em busca da felicidade, com muita determinação. Os homens, por sua vez, geralmente ficam apáticos, quase perdidos. Não raro, depois de deixarem o trabalho, eles se sentem inúteis, perdem horas em frente à tevê ou jogando dominó. ___/___/
geriatra Anita Néri, da Universidade de Campinas (Unicamp), acredita que homens passam vida como provedores do lar e não se preparam para aposentadoria. Não cultivam *hobbies*, esportes ou outro tipo de atividade. mulheres, ao contrário, são menos acomodadas. ___/___/___/___/___/

EXPRESSÕES IDIOMÁTICAS

Reescreva em outras palavras ou explique as EXPRESSÕES abaixo. A quem você diria essas frases?

1. Quem tem pressa come cru.

____

____

2. Casa de ferreiro, espeto de pau.

____

____

3. Enquanto você vem com a farinha eu já fui com o bolo.

____

____

4. Panela velha é que faz comida boa.

____

____

UNE, DUNE, TE, A ESCOLHIDA FOI VOCÊ!!!

Escreve-se com - SÃO ou - ÇÃO?

1. composi___	9. interpreta___
2. ascen___	10. compreen___
3. suspen___	11. deten___
4. apreen___	12. obten___
5. compensa___	13. execu___
6. exten___	14. arma___
7. exposi___	15. explica___
8. ten___	

O LAR

MORADIA (MOBÍLIA, ELETRODOMÉSTICOS, CÔMODOS)

ADVÉRBIOS E LOCUÇÕES ADVERBIAIS

DISCURSO INDIRETO

REVISÃO

PREPOSIÇÕES

IMPERATIVO

PRETÉRITOS PERFEITO

EXPRESSÕES IDIOMÁTICAS

1. Você acabou de comprar uma casa e está enviando uma foto dela para seus parentes no Exterior. Complete o cartão postal.

Oi, ______________________________
Esta é ______________________________.
Ela não é mesmo ______________________?
Eu a comprei ______________________________
Os quartos são ______________________________
O jardim é __________________ e a garagem ______________
Vocês nem imaginam ______________________________
E ela fica perto __________________ e longe ______________
À direita da casa, você pode ver ______________________,
e, à esquerda, ______________________. É realmente incrível!
As crianças adoraram ______________________________
Nós vamos nos mudar ______________________________
Um beijo, ______________________________.

2. Relacione as colunas e complete o quadro como no exemplo.

1. A estrada é perigosa. Dirija...
2. Já estamos atrasados. Vista-se...
3. Não se apresse. Conserte o computador...
4. Estudei muito, por isso fiz a prova...
5. Júlia é muito amorosa. Ela me beijou...
6. Acho que meu chefe não gostou do comentário que eu fiz. Ele agradeceu...

( ) com facilidade	
( ) com carinho	
( ) com tranqüilidade	
( ) com ironia	
(1) com cuidado	*cuidadosamente*
( ) com rapidez	

3. Observe as figuras. Onde está a peteca?

1. ______________ 2. ______________ 3. ______________ 4. ______________ 5. ______________

4. Onde, no diálogo abaixo, você colocaria as seguintes expressões:

Não dá não! - Oh, meu Deus! - Nossa! - Se Deus quiser

Pedreiro: D. Neusa. Então qual é o problema?

D. Neusa: Você ainda me pergunta qual é o problema? Não está vendo que o serviço que você fez no encanamento do banheiro está uma porcaria?

Pedreiro: O cheiro não tá bom mesmo. Deixa eu ver o que deu errado. (Após alguns minutos) Vamos ter que fazer tudo de novo.

D. Neusa: E você me diz isso com essa calma toda! Vamos aproveitar o mesmo material?

Pedreiro: A pressão da água está muito forte. Os canos estão todos rachados. Vai ter que ser tudo novo!

D. Neusa: E você vai terminar o serviço até amanhã? Terei visitas para o jantar...

Pedreiro: Fique tranqüila, D. Neusa. Vou terminar tudinho até amanhã de manhã.

MAIS BRASIL

5. A. É um dos paraísos ecológicos do país. Algumas das atrações: Gruta do Lago Azul; mergulhos em águas cristalinas repletas de peixes nos rios da Prata, do Peixe e no Sucuri e Aquário Natural; caminhadas em trilhas pelo mato no Parque das Cachoeiras e na Cachoeira do Rio Aquidabã; passeios de bote nas corredeiras do Rio Formoso.

a. Bonito - Mato-Grosso

b. Chapada dos Guimarães - Mato-Grosso

c. Chapada dos Veadeiros - Goiás

5. B. O mar azul e as ilhas rochosas fazem do arquipélago um dos lugares mais bonitos do país. Graças à ótima visibilidade das águas e às inúmeras piscinas naturais, é muito fácil admirar a fauna marinha em praias como as de Atalaia e da Baía dos Porcos. Outra atração é o passeio de barco pelas ilhas, que, em algumas ocasiões, permite ao visitante nadar com golfinhos.

a. Fernando de Noronha

b. Búzios

c. Praia da Boa Viagem

5. O senhor Álvaro está ajudando a família Lima com sua mudança. Escolha a melhor resposta para cada pergunta ou comentário abaixo.

1. Dona Cleide. Onde devo colocar este quadro?
a. ( ) Dois palmos acima do sofá maior, por favor.
b. ( ) Um palmo abaixo do lustre, por favor.

2. Seu Roberto. O que faço com estes telefones?
a. ( ) Coloque-os dentro da pia, seu Álvaro.
b. ( ) Deixe-os em cima da mesa, seu Álvaro.

3. Dona Cleide. Onde posso colocar estes talheres?
a. ( ) Dentro da gaveta, por favor.
b. ( ) Longe da gaveta, por favor.

4. Seu Roberto, acabo de achar suas ferramentas!
a. ( ) Leve-as para a sala.
b. ( ) Guarde-as na garagem, junto com a furadeira.

5. Bom, dona Cleide. Acho que já está tudo no lugar!
a. ( ) Pois não, seu Álvaro. Pode sim.
b. ( ) Muito obrigada, seu Álvaro. Até amanhã, então.

6. Liste os dez eletrodomésticos abaixo e diga em que parte da casa você os colocaria.

Eletrodomésticos	Partes da casa
1. ________	1. ________
2. ________	2. ________
3. ________	3. ________
4. ________	4. ________
5. ________	5. ________
6. ________	6. ________
7. ________	7. ________
8. ________	8. ________
9. ________	9. ________
10. ________	10. ________

7. Complete a cruzada e encontre o nome de uma profissão.

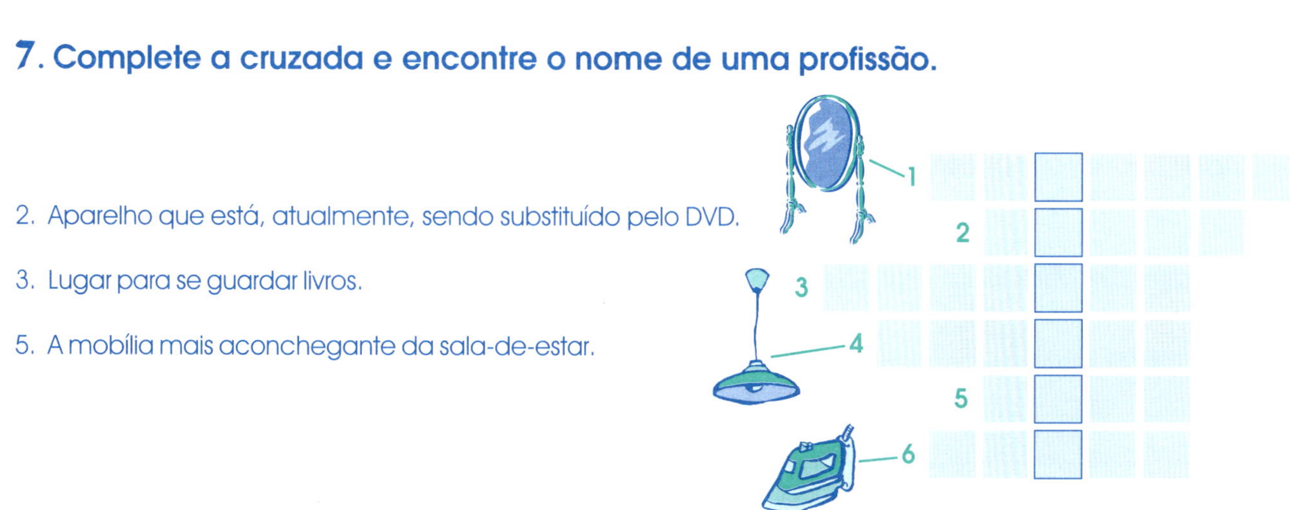

2. Aparelho que está, atualmente, sendo substituído pelo DVD.

3. Lugar para se guardar livros.

5. A mobília mais aconchegante da sala-de-estar.

8. Para os objetos listados abaixo, escreva: (1) para utensílios de cozinha; (2) para mobília em geral; (3) para cômodos da casa.

1. ( ) cafeteira
2. ( ) sapateira
3. ( ) criado-mudo
4. ( ) frigideira
5. ( ) penteadeira
6. ( ) lavanderia
7. ( ) varanda
8. ( ) liquidificador
9. ( ) batedeira
10. ( ) panela de pressão
11. ( ) cama
12. ( ) forno
13. ( ) lavabo
14. ( ) closet

9. Use os ADVÉRBIOS e LOCUÇÕES ADVERBIAIS do quadro abaixo para completar as frases.

em geral - de cor - frente a frente - pior - à toa/em vão às pressas - passo a passo - devagar - melhor - bem

1. Você acredita que ainda não sei o número do telefone do escritório ________________?
2. Esperei ____________. Ela não apareceu; me deu bolo.
3. Detesto fazer coisas ________________ porque, de um modo geral, saem mal feitas.
4. A testemunha estava nervosa porque ficaria ________________________________ com o acusado.
5. O professor teve que repetir o experimento científico ________________ para ser melhor compreendido pelos alunos.
6. "Não há mal que não traga um ____________."
7. "Ruim com ele, ________________ sem ele."
8. "Quem corre cansa; ________________ é que se vai longe."
9. O relatório está bom, mas poderia estar ________________________.
10. ________________, eu não me atraso; hoje foi uma exceção.

10. Escreva o que aconteceu. Veja o exemplo.

Exemplo: ***Você parece bastante cansado!***
E realmente estou. Trabalhei até às 23h ontem.

1. Você parece muito chateado!
____
2. Você parece bastante satisfeito!
____
3. Nossa! Como você está feliz!
____
4. Você parece um pouco desanimado!
____
5. Acho que você está um pouco confuso!
____

11. Milena está em casa e, antes de ir à casa de sua amiga Paula, precisa ir à lavanderia. Juntas, elas vão à livraria, na Rua Canário. Primeiro, complete o texto abaixo e, em seguida, escreva as outras duas instruções de como Milena vai à casa de Paula e de como chegam à livraria. Complete os espaços. Veja o mapa na página seguinte.

a. Da casa de Milena à lavanderia

Você está na rua 13 de maio. Siga em frente e vire (1) ____________________. Vá até (2) ________________ e, então, (3) ________________________________. A lavanderia fica à (4) ________________________, (5) ________________________________ o Pet Shop e a Academia. Cuidado: ela fica (6) ________________________________ da ponte.

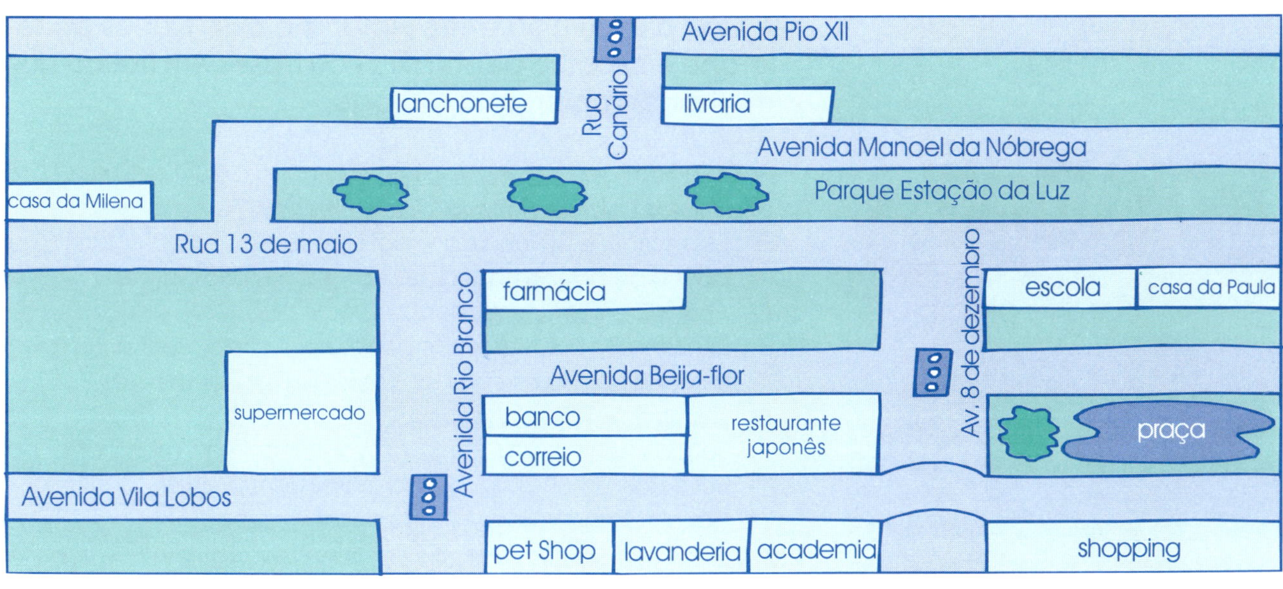

b. Da lavanderia à casa de Paula

____
____
____
____

c. Da casa de Paula à livraria

____
____
____
____

12. Leia o diálogo, e em seguida, transcreva-o em DISCURSO INDIRETO, como no exemplo abaixo:

– José, precisamos de uma empregada.
– Rita, mas, no momento, não temos verba pra isso.
– Temos que dar um jeito. Já não dou mais conta do serviço de casa.
– Não podemos esperar até o fim do ano?
– Até lá, já vou estar morta de cansaço.
– Quando meu curso da faculdade terminar, daqui a um mês, vou poder te ajudar mais.
– E que serviço doméstico você sabe fazer?
– Bem, nunca é tarde pra aprender...

Exemplo: ***Rita disse a José que precisavam de uma empregada.***

1. José falou que ______________________
2. Rita, então, disse que ______________________
3. José perguntou ______________________
4. Rita disse ______________________
5. José, então, falou ______________________
6. Rita perguntou ______________________
7. Finalmente, José ______________________

EXPRESSÕES IDIOMÁTICAS

Relacione as frases com as situações em que você as ouviria.

1. ( ) Roupa suja se lava em casa!
2. ( ) Pode ir tirando o cavalinho da chuva!
3. ( ) Casa de ferreiro, espeto de pau!
4. ( ) Sou eu quem sempre paga o pato!

a. A esposa, professora de inglês, comenta sobre o seu marido. Ele não aprende inglês de jeito nenhum e ela nunca arranja tempo para lhe dar aulas.

b. O marido, que nem sempre é o culpado, reclama à esposa que, se algo deu errado, ele é quem sempre leva a bronca.

c. O marido diz isto à esposa, quando ela tenta iniciar uma discussão familiar na frente de outras pessoas.

d. Sábado de manhã. Dia de futebol com os amigos. Dia também de ir à feira, supermercado e ficar com as crianças. A mulher diz isto ao marido, quando ele já está de uniforme, pronto pra mais uma pelada com os amigos.

O BAIRRO

AO TELEFONE

PARTES DO CORPO

ADVÉRBIOS E LOCUÇÕES ADVERBIAIS

ARTIGOS DEFINIDOS E INDEFINIDOS

REVISÃO

PERFEITO E IMPERFEITO DO INDICATIVO
FUTURO DO PRESENTE E DO PRETÉRITO

VOZ PASSIVA
PRESENTE E PASSADO DO SUBJUNTIVO

DISCURSO INDIRETO

EXPRESSÕES IDIOMÁTICAS

1. Leia a conversa entre Helena e o Sr. Nunes ao telefone e escolha as palavras ou frases em itálico que melhor completem o diálogo.

Helena: Bom dia, *poderia/posso* falar com o Senhor Nunes?
Sr. Nunes: Nunes falando/Sou eu mesmo.
H: *Esta é/Aqui é* Helena da Ancor Ltda. Estou ligando sobre a mudança de programação de sua visita a Porto Alegre.
N: Pois não./Com certeza.
H: Infelizmente o Sr. Valter não poderá vê-lo pela manhã, na sexta-feira. Ele gostaria de mudar a reunião para as 15 horas.
N: Realmente./Sem problemas.
H: Sendo assim, a Srta. Angélica vai encontrá-lo mais cedo, por volta das 10h30 para que vocês *podem/possam* conversar e depois almoçar juntos. O que o senhor acha?
N: Tudo bem./Todo bem. Só me preocupo com minha viagem de volta. Meu vôo está marcado para as 17 horas.
H: O senhor gostaria de que eu tentasse transferi-lo para sábado, logo no primeiro horário?
N: É claro./Seria ótimo.
H: O senhor quer que eu *faça/faço* a reserva do hotel?
N: Se não for muito incômodo...
H: *De nada./De maneira alguma.*
N: Muito obrigada/obrigado.
H: *Nada./Não há de que.*

2. Reescreva o diálogo abaixo de maneira que a conversa fique mais polida.

A. Quero falar com Toni.

___

B. Quem é você?

___

A. Léo.
B. O quê?

___

A. Leonardo Lopes, da loja de móveis.
B. Espera aí.

___

C. Alô. É Toni.

___

A. Toni, aqui é o Léo, da Taurus.

___

C. O que você quer?

___

A. Preciso confirmar o endereço de entrega. É pra entregar a mesa na sua casa ou no escritório?

___

C. Tanto faz.

___

A. Se é assim, vou entregar na sua casa. Até logo.

___

3. Escolha um dos ADVÉRBIOS ou LOCUÇÕES ADVERBIAIS para responder às questões abaixo.

1. Com que freqüência você faz suas tarefas de casa?
( ) sempre ( ) de vez em quando ( ) quase nunca

2. Você acessa a Internet em casa?
( ) nunca ( ) raramente ( ) bastante

3. Você viaja nos fins de semana?
( ) às vezes ( ) jamais ( ) sem dúvida

4. Você faz atividades físicas?
( ) sim ( ) muito ( ) pouco

5. Você se acha uma pessoa estressada?
( ) não ( ) sem dúvida ( ) talvez

4. Complete o texto com os ARTIGOS e PREPOSIÇÕES do quadro abaixo. Eles poderão ser usados mais de uma vez.

a - o - as - os - uma - de - do - dos - no - na - ao - com

A mala não chegou

Não há jeito pior ______ começar ou terminar ______ viagem. Tente resolver a situação ______ companhia aérea, ______ guichê que fica ______ lado da esteira. Guarde ______ notas fiscais ______ tudo o que você tiver de comprar enquanto ______ mala não for localizada, pois ______ empresa, de acordo com o Código de Defesa do Consumidor, tem obrigação ______ reembolsar ______ gastos ______ emergência ______ produtos ______ higiene pessoal ou vestuário. Se ______ bagagem não for encontrada ______ prazo ______ trinta dias, ______ passageiro pode recorrer ______ Departamento de Aviação Civil, ______ Procon ou ______ Juizado Especial Civil. Uma convenção internacional determina ______ valor ______ reembolso; cerca ______ 60 reais por quilo.

5. Escreva os e-mails de acordo com a solicitação do Sr. Pedro, seu chefe.

1. Confirme a minha presença no cocktail do dia 17, com a Srta. Priscila Torres.
2. Avise a Dra. Paula que não poderei ir à consulta do dia 18 às 15h30. Tente remarcar para as 17h30.
3. Informe ao Sr. Marcos que a reunião das 15h foi cancelada.

____

____

____

____

____

____

____

____

____

____

6. a. O Sr. Salvador tem 72 anos e é aposentado. Ele era taxista. Liste o que ele fez ontem e o que ele fazia antigamente, antes de se aposentar.

dirigir mais de 60 km por dia

ler todo o jornal

jogar dominó

sair bem cedo de casa

lavar o carro

cuidar do jardim

conversar com os estrangeiros

ir ao banco às 10h da manhã

receber bastante gorjeta

almoçar em casa

Ontem o Sr. Salvador....

1. ______
2. ______
3. ______
4. ______
5. ______

Antigamente ele...

1. ______
2. ______
3. ______
4. ______
5. ______

b. Agora, acrescente um dos complementos abaixo às frases que você escreveu na parte do Exercício 6.

com os amigos na pracinha

principalmente dos turistas

quase de madrugada

toda semana, pois ele tinha que estar impecável

e comeu uma deliciosa macarronada

atrás de boas corridas

para receber o pagamento da aposentadoria

só na parte da manhã

por isso aprendeu um pouco de várias línguas

7. Seus vizinhos resolveram se reunir para fazer uma Festa Junina. Algumas coisas já foram feitas e outras ainda não. Veja o exemplo.

✓ as bandeirinhas (colocar)

X o quentão (preparar)

Exemplo: *As bandeirinhas já foram colocadas.*

Exemplo: *O quentão ainda não foi preparado.*

✓ os pinhões (descascar)

X o bolo de fubá (fazer)

X as barracas (montar)

✓ o vinho (aquecer)

✓ as maçãs-do-amor (caramelizar)

X os fogos (soltar)

✓ a quadrilha (ensaiar)

1. ______
2. ______
3. ______
4. ______
5. ______
6. ______
7. ______

8. Observe a figura e nomeie as PARTES DO CORPO.

9. Complete as frases com as palavras do quadro. Elas podem ser usadas mais de uma vez.

boca - pé - olho - costas - cara - mãozinha

1. Fique de ____________ naquele rapaz. Ele parece meio suspeito.
2. Você acredita que a Carla se convidou para a festa outra vez? Ela é muito ____________ -de-pau.
3. Toda vez que levamos Joana para a praia, chove. Ela é mesmo ____________ frio.
4. Estas sacolas estão muito pesadas. Alguém pode me dar uma ____________ ?
5. Acho que o professor está pegando no meu ____________ . É a quinta vez que ele chama a minha atenção hoje.
6. Alguém deve ter colocado ____________ gordo nas minhas plantas. Ontem estavam lindas e hoje estão todas murchas.
7. Depois do assalto, os ladrões deram no ____________ . A polícia não conseguiu pegar nenhum deles.
8. Irineu já fez tantas coisas erradas no trabalho, mas nunca foi demitido. Tenho certeza de que ele tem ____________ quentes.
9. Pedrinho achou que ninguém estava vendo, mas quando ele abriu a geladeira, foi pego com a ____________ na botija.
10. Zezinho é um tremendo ____________ suja. Ele não pára de falar nomes feios. Um palavrão pior que o outro.

10. Siga o modelo para completar as orações abaixo.

Exemplo: ***Roberto quer ser embaixador.***
<u>Certamente</u> ele vai ter que estudar muito.
<u>Talvez</u> ele tenha que morar no exterior.
<u>Se</u> ele conhecesse alguém na Embaixada, seria mais fácil.

1. Soraia nunca viu o mar.
Certamente ____________
Talvez ____________
Se ____________

2. Marco Antônio não fala uma segunda língua.
Certamente ____________
Talvez ____________
Se ____________

3. Pobre Ana! Ela perdeu o último ônibus de volta pra casa.
Certamente ____________
Talvez ____________
Se ____________

4 As crianças acabaram de ganhar sorvete.
Certamente ____________
Talvez ____________
Se ____________

5. Júlia passou a noite em claro estudando para a prova de hoje.
Certamente ____________
Talvez ____________
Se ____________

MÃOS À OBRA!

Ruberval - o síndico, em ...
"A Pauta de hoje"

"Boa noite! Temos que conservar as áreas comuns do prédio. E os animais de estimação são os primeiros da lista. As crianças não devem levar seus cães ou gatos, sem coleira, para passear no pátio. A porta de vidro da entrada deve estar sempre bem sinalizada pra evitar futuros problemas. Temos que trocar os capachos, próximos ao elevador, pois algumas crianças já tropeçaram e os toldos deverão ser lavados por uma empresa especializada, e...

Exercícios

1. **Acrescente ao texto acima os ADVÉRBIOS: absolutamente, certamente, mais e logo.**

2. **Use as informações do texto, para formar, quando possível, frases na VOZ PASSIVA. Veja o exemplo.**

Exemplo: ***As crianças não devem levar seus cães e gatos pra passear no pátio do apartamento.***

Cães e gatos não devem ser levados ao pátio pra passear.

1. Temos que trocar os capachos.

____

2. Vamos chamar uma empresa especializada para lavar os toldos.

____

3. Temos que conservar as áreas comuns do prédio.

____

EXPRESSÕES IDIOMÁTICAS

Leia os trechos abaixo e escreva quem:

1. É DEDO DURO ( )

2. É MÃO ABERTA ( )

3. TEM O PÉ NO CHÃO ( )

4. É CABEÇA DURA ( )

a. Mãe, você acredita que o Pedro estragou a festa surpresa da Joana? Ele disse: "Até mais tarde! Te vejo no seu aniversário."

b. Desisto! Não consigo convencer a Sandra de que o erro foi dela. Já usei todos os meus argumentos, mas ela não muda de idéia.

c. Helena é a única da turma que não sonha acordada. Ela sempre planeja sua vida de acordo com suas possibilidades.

d. Nunca vi alguém gastar tanto dinheiro como Luís. Outro dia, ele deu dez reais de gorjeta para o moleque que estava tomando conta do carro dele na rua.

1. Fábio está fazendo a matrícula de seu filho na escola. Complete o diálogo.

Atendente: Bom dia, senhor. Em que posso ajudá-lo?
Fábio: ____ .
A: Pois não. O senhor trouxe todos os documentos pedidos?
F: ____ .
A: Obrigada. Mas estão faltando as fotos.
F: ____ .
A: São 3.
F: ____ .
A: 3x4 (três por quatro).
F: ____ .
A: Sim, senhor. Hoje é o último dia para a matrícula.
F: Então ____ .
A: O lugar mais perto é a dois quarteirões daqui. Mas as fotos ficam prontas na hora.
F: ____ .
A: Hoje ficaremos aqui até as 19 horas.
F: ____ .
A: Está bem. Até logo. Ah! Além das fotos, senhor, precisamos também de uma cópia de cada documento.
F: Mas ____ .
A: Infelizmente nossa máquina de xerox está quebrada.
F: Isso é o que eu chamo de um bom início!

2. Preencha as frases com um dos PRONOMES RELATIVOS que estão no quadro abaixo.

que - quem - onde - o qual - a qual - os quais
as quais - cujo - cuja - cujos - cujas - quanto
quanta - quantos - quantas

1. Não sei ________ tocou a campanhia.
2. Este é o colégio ________ estudei.
3. Esta é Estela ________ casa sempre fico quando vou a Salvador.
4. Vera é uma " emergente" espalhafatosa ________ só pensa em se autopromover.
5. Releia o texto tantas vezes ________ forem necessárias para a sua compreensão.
6. Jorge Amado, ________ conjunto de obra é impressionante, é um dos expoentes da nossa literatura.
7. O informante deu uma dica ao policial sem ________ ele não desvendaria o crime.
8. As colegas com ________ trabalhei na loja de departamento ainda continuam na ativa.

3. Faça frases usando os tempos compostos. Escolha tempos verbais diferentes para cada verbo principal. Veja o exemplo.

Exemplo: ***(passar no vestibular) - Se eles tivessem passado no vestibular, agora seriam universitários./Eles não têm estudado muito para passar no vestibular./Quando eu completar 18 anos, na próxima semana, já terei passado no vestibular. Tomara!***

1. (sair de casa mais cedo) ______________________________.
2. (pagar as contas) ______________________________.
3. (preparar o relatório) ______________________________.
4. (aprender um idioma estrangeiro) ______________________________.
5. (aceitar o convite) ______________________________.
6. (ir ao médico) ______________________________.
7. (parar de fumar) ______________________________.
8. (fazer ginástica) ______________________________.

4. Coisas que o povo diz. Relacione as colunas.

1. Tirar água do joelho.	( ) Fazer xixi.
2. Dar um sorriso amarelo.	( ) Ficar desconfiado.
3. Um bicho-de- sete- cabeças.	( ) Ficar encabulado, sem graça.
4. Fazer com o pé nas costas.	( ) Fazer algo com muita facilidade.
5. Dor-de-cotovelo.	( ) Um problema muito complicado.
6. Ficar com a pulga atrás da orelha.	( ) Inveja ou ciúme.

5. Forme um período usando os PRONOMES RELATIVOS e os elementos entre barras. Coloque os verbos no tempo e na forma verbal adequada. Faça as alterações necessárias. Veja o exemplo.

Exemplo: ***Brasília/(ser) a capital do Brasil/(inaugurar) em 21 de abril de 1960 pelo presidente Juscelino Kubitschek.***
Brasília, que é a capital do Brasil, foi inaugurada em 21 de abril de 1960 pelo presidente Juscelino Kubitschek.

a. Renato Aragão/(ser) famoso comediante/(eleger) embaixador da UNICEF no Brasil.

____

____

b. São Luís/(situar-se) no Nordeste/colonização (fazer) pelos franceses.

____

____

c. Princesa Isabel/(assinar) a Lei Áurea/(libertar) todos os escravos no Brasil.

____

____

d. Barretos/se (realizar) o maior rodeio do Brasil/(ficar) no interior de São Paulo.

____

____

e. Brasil/sistema de governo é a democracia/(eleger) o seu presidente a cada quatro anos.

____

____

MAIS BRASIL

6. A. Esta cidade surgiu com a chegada de bandeirantes em busca de ouro no final do século XVII. A antiga Vila Rica, que em 1789 foi palco da Inconfidência Mineira, hoje é tombada pela UNESCO como Patrimônio Cultural da Humanidade. Estamos falando da cidade de:

a. Ouro Preto - Minas Gerais

b. Petrópolis - Rio de Janeiro

c. Vila Velha - Paraná

6. B. A maior ilha fluviomarinha do mundo tem várias praias com dunas de areias claras, apresentações de danças folclóricas (carimbó e lundu) e restaurantes de comidas típicas. O artesanato da região é muito rico e procurado. Nas grandes planícies são criados búfalos, que, além da carne e do couro, ainda são um meio de transporte. Estamos falando sobre um dos passeios imperdíveis da região norte:

a. Ilha de Marajó - Pará

b. Parintins, uma grande ilha no meio do Amazonas

c. Presidente Figueiredo

7. Nos períodos abaixo, identifique se os verbos são SER ou IR e escreva dentro dos parênteses.

a. Ontem fui (   ) jantar na casa de minha irmã. Foi (   ) servido um strogonoff esplêndido! Todas as pessoas que ela convidou foram (   ) pontuais, coisa rara por aqui.
Os convidados foram (   ) gentis em confirmar a ida por telefone. Foi (   ) uma noite muito agradável.

b. Patrícia e Márcia foram (   ) passar o carnaval em Salvador e foram (   ) convidadas para ficar no camarote de Paulinho, que foi (   ) quem montou todos os camarotes e arquibancadas do carnaval baiano. A esposa dele, Lena, foi (   ) muito gentil recepcionando ambas. Você a conhece? Nós fomos (   ) fazer um curso juntas nos Estados Unidos.

c. Fomos (   ) nós as vencedoras da concorrência? Quem foi (   ) saber o resultado?

d. Ontem eu fui (   ) ao *shopping* e fui (   ) entrevistada por uma emissora de televisão.

e. Eles foram (   ) viajar, mas o hotel foi (   ) uma decepção! Imagine que neste frio, quando eles foram (   ) tomar banho, não tinha água quente! O chuveiro tinha sido quebrado pelo hóspede anterior.

8. Escolha uma palavra no quadro abaixo para completar o diálogo.

velhinho - pouquinho - gatinha - cafezinho amorzinho - menininha - tempão - mulherão

A: Olha lá, Zeca. Que ________________ , hein?

B: Quem?

A: Não vá dizer que você não está vendo aquela ________________ bem ali?

B: Espere um ________________ que vou procurar meus óculos.

A: O que aconteceu, cara? Você ficou lá dentro de casa um ________________ .

B: É que eu resolvi tomar um ________________ . Meu ________________ faz um café delicioso. E também aproveitei para chamar minha filha. Esta é Fernanda.

A: Eh, ah... Muito prazer. Que ________________ linda.

B: Obrigado. Sabe, minha filha... Raul é o ________________ mais simpático do escritório.

9. Leia o texto abaixo e liste três maneiras de evitar o estresse infantil.

Estresse infantil reflete tensão dos pais no trabalho
Problemas profissionais enfrentados por pais e professores marcam as crianças

Dr. Marcos Lago
Vida de criança não é fácil como se pensa. Cada vez mais, os pequenos sofrem os efeitos do estresse dos adultos. O **estresse infantil** é resultado direto da exposição a ambientes estressados pelos pais e professores, constantemente envolvidos com problemas no trabalho.

Sabe-se que grande parte do estresse adulto está relacionada a questões estruturais no trabalho. Mas isso não alivia a situação dos filhos; pelo contrário.

(Fonte: http://eaprender.ig.com.br)

____

____

____

10. Jorge parou uns instantes para refletir sobre como sua vida poderia ter sido diferente se ele tivesse tomado outras atitudes no passado. Hoje, professor universitário, 40 anos, casado, seis filhos, mora num pequeno apartamento no centro de São Paulo. Veja seu desabafo e escreva, em seu caderno, frases como a do exemplo.

Exemplo: ***Se eu não tivesse me casado tão cedo, eu não teria seis filhos agora.***

11. **Responda a cada uma das perguntas usando os verbos compostos abaixo.**

tenho ido - tinha ido - terei ido - teria ido - tivesse ido - tiver ido

Exemplo: ***E então, o que você tem feito ultimamente? (clube)***
Tenho ido ao clube jogar tênis com meus amigos.

1. Ontem liguei pra você, mas ninguém atendeu. (aeroporto)

2. Até o final do mês você pode me trazer o passaporte com visto? (consulado)

3. Você foi ao Pantanal? (Não tive tempo)

4. Puxa! Eu queria tanto ter me encontrado com a Marisa. (aniversário do Eduardo)

5. Quando você vai poder trazer o dinheiro? (às quatro horas/banco)

MÃOS À OBRA!

Ruberval – o síndico, em ...
'A Pauta de hoje'

'Esta sessão extraordinária está acontecendo, pois precisamos falar de um assunto urgente: capacitar nossos funcionários; vigias, zelador e até faxineiros para que possam, cada vez mais, nos oferecer tranqüilidade. Sendo assim, tomaremos uma medida: todos irão assistir a um seminário de comportamento e segurança e, em seguida, farão um treinamento intensivo.'

Exercícios:

1. Acrescente ao texto acima os ADVÉRBIOS: primeiramente, melhor, imediatamente e bastante.

2. Complete as frases, como no exemplo.

Exemplo: ***Tomara que o seminário seja um sucesso!***

a. Espero que

b. Desejo sinceramente que

c. Tomara que

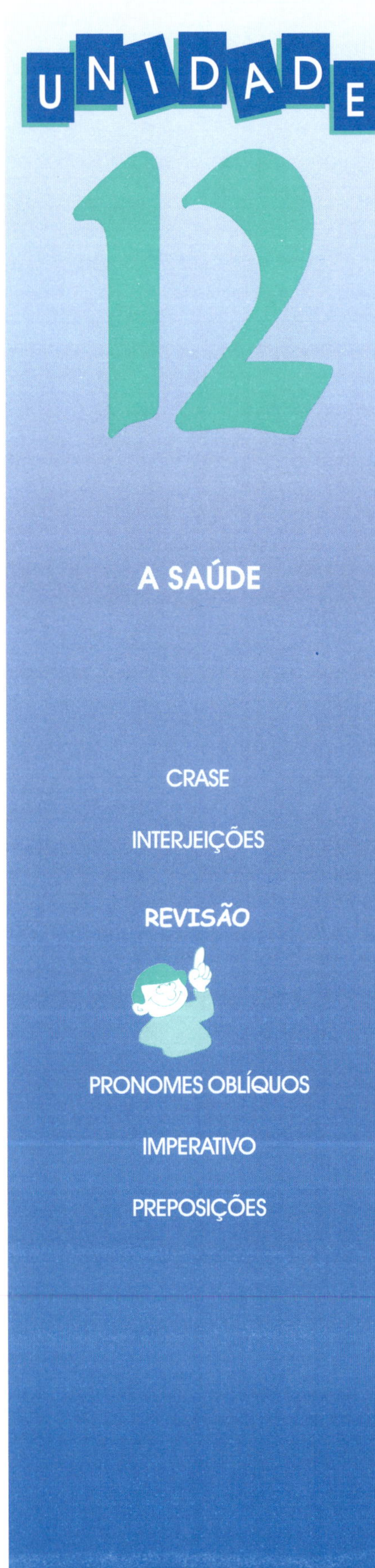

1. Complete o diálogo com as palavras do quadro abaixo.

bula - contra-indicação - remédio consulta - convênio - pronto-socorro ambulância - plantão

A: Você vai mesmo tomar esse ______?
B: Ué, qual é o problema? Eu já li a ______ e não tem nenhuma ______.
A: Bem, eu tenho minhas dúvidas. Acho melhor você marcar uma ______ com o Dr. Jorge pra ver o que ele acha.
B: Dr. Jorge? Ele não atende mais pelo meu ______.
A: Nossa, Rute! Você está pálida. Você está piorando, não está?
B: Acho que minha pressão está caindo...
A: Agüenta aí! Vou chamar uma ______ pra levarem você a um ______.
B: Mas a esta hora? Já são 3h da manhã.
A: Com certeza há médicos de ______ que vão saber o que fazer pra você se sentir melhor.

2. Indique a CRASE, quando necessário.

1. Estamos a disposição para sanar quaisquer dúvidas.
2. O desconto a vista era pequeno, por isso preferi comprar a prazo.
3. Saímos as onze horas e chegamos a uma hora em ponto.
4. Fomos a banca, mas não encontramos D. Lurdes. Disseram que ela só chegaria a tarde.
5. Estou a procura de ajuda, mas, as vezes, acho que nunca vou encontrar.
6. Não gosto de assistir a filme de terror a noite, pois sempre tenho pesadelos.
7. Fiquei frente a frente com a diretora, mas não a reconheci.
8. Depois de visitar a França, vou a Itália e a Roma.
9. A peça começa daqui a duas horas.
10. Gostaria de agradecer aqueles que muito colaboraram com a campanha do agasalho.

3. Una as orações com um PRONOME RELATIVO: (o qual, que, quem, cujo, onde, ...). Veja o exemplo.

Exemplo: ***Juca era o líder do grupo. Juca estava sempre bem atualizado.***
<u>Juca, que estava sempre bem atualizado, era o líder do grupo</u>.

1. Pedro atropelou o cão. O dono do cão era seu vizinho.

______
______

2. Não conheço Campos de Jordão. Os noivos passaram a lua de mel em Campos de Jordão.

______
______.

3. As primas de Cíntia vieram para o Brasil. As primas moram no Canadá.

____

____ .

4. Perdi a palestra. A palestra tratava da ISO 9000.

____

____ .

5. Você é médico? O médico deu alta pra minha mãe.

____

____ .

6. Esses são os pobres cães. Os cães foram pegos pela carrocinha.

____

____ .

4. Sublinhe as palavras que poderiam ser substituídas por um dos PRONOMES abaixo e indique-os.

lo – o – a – as – lhe – lhes – o

A: Oi, Vanessa. Você viu a Rita por aí?
B: Eu via a Rita perto da cantina, mas por quê?
A: Porque eu pedi à Rita para trazer o gravador pra aula de inglês.
B: Eu não vi o gravador com ela, não.
A: Mas ela disse que ia trazer o gravador sem falta.
B: Se ela realmente esqueceu o gravador, é só pedir para as senhoras da locadora de vídeo. Elas são muito legais.
A: Ah, mas de novo! Eu já pedi para as senhoras da locadora a semana passada.... Não tem jeito. A Rita se esqueceu mesmo de trazer o gravador. Será que as senhoras estão lá agora?
B: Ih! Eu acabei de me lembrar de que hoje cedo eu não vi as senhoras na locadora. Era um garoto que estava lá. Ele me disse que as senhoras tinham tirado o dia de folga.
A: Dia de folga? Mas justo hoje?!

5. Observe as INTERJEIÇÕES e termine as frases de acordo com o sentido pedido.

1. (estímulo) Firme! Continue ...
____ .
2. (alívio) Ufa! Que bom ....
____ .
3. (desejo) Tomara que ...
____ .
4. (cansaço) Uf! Não vejo a hora de ....
____ .
5. (silêncio) Psiu! As crianças .....
____ .
6. (surpresa) Puxa! Eles realmente ....
____ .
7. (alegria) Oba! Eu já....
____ .
8. (dor) Ai! Como eu consegui ....
____ .
9. (medo) Cruzes! Tire esta...
____ .
10. (afugentando) Fora! Não ...
____ .

6. Escolha a alternativa e a forma correta do IMPERATIVO para completar as frases. Que conselho seria mais recomendável e/ou adequado para dar a um amigo nas seguintes situações no trânsito?

1. Numa via de trânsito rápido, um carro de repente fecha a passagem de seu amigo. Você diz a ele:

a. ( ) __________ (dar) um sinal de luz, ou __________ (tocar) a buzina pra deixar claro que o motorista do outro veículo cometeu um erro.

b. ( ) Não __________ (fazer) nada, mas, se tiver oportunidade mais adiante, __________ (devolver) a afronta com uma manobra arrojada.

c. ( ) __________ (ficar) irritado mesmo, mas, por favor, __________ (reduzir) a velocidade e __________ (seguir) seu caminho.

2. Um pedestre atravessa a rua fora da faixa de segurança. Seu amigo fica furioso. Você diz a ele:

a. ( ) __________ (buzinar) pra chamar a atenção do pedestre, ______________ (perguntar) em tom de brincadeira se ele quer morrer, __________ (desviar) dele e __________ (seguir) o seu caminho.

b. ( ) __________ (acelerar) um pouco, e __________ (dar) um susto no pedestre pra ele tomar mais cuidado na próxima vez.

c. ( ) __________ (parar) e __________ (esperar) que ele passe, __________ -lhe (dirigir) apenas um olhar de repreensão.

*(Fonte: texto adaptado de Stress no Trânsito, revista **Veja**, 11/08/99)*

7. a. Leia o texto.

Serra Negra
Panoramas, hotéis charmosos, culinária saborosa, encantos e muita animação

Por seu clima de montanha, ameno e oxigenado, suas fontes de águas minerais e sua exuberante beleza natural, o município recebeu o nome de Cidade da Saúde. É num belo contraforte da Serra da Mantiqueira, em vales cobertos de verde, perto da divisa com o sul de Minas, que se situa a Estância Hidromineral de Serra Negra integrando o Circuito das Águas de São Paulo. A cidade, rodeada de sítios e fazendas, foi fundada em 23 de setembro de 1828 pelo bragantino Lourenço Franco de Oliveira, mas somente um século depois, em 1829, foram descobertas as propriedades radioativas de suas águas. Em 24 de abril de 1945, foi elevada à categoria de Estância Hidromineral e hoje é um moderno centro turístico com rede hoteleira de nível internacional. Serra Negra é conhecida pela qualidade de suas fontes de água fria, oligominerais, radioativas, indicadas para vários tipos de tratamento. Embora receba inúmeros turistas, Serra Negra conserva o sossego e a paz das pequenas cidades do interior paulista, com a praça, o coreto e as charretes.

*(Fonte: **Guia do Turista**, p. 66)*

b. Responda às questões.

1. Por que Serra Negra é chamada de Cidade da Saúde?

______________________________________.

2. O que há de especial nas águas de Serra Negra?

______________________________________.

3. Em seu país, há uma ou mais cidades comparáveis a Serra Negra. Em que aspectos?

______________________________________.

c. Vocabulário - Encontre no texto o significado de:

1. Aquele que nasceu em Bragança Paulista

____

2. Grupo de músicos de coral que canta ao ar livre

____

3. Estupendo, maravilhoso

____

8. No caça-palavras, encontre os especialistas descritos abaixo.

1. Aquele que trata das micoses, alergias, doenças da pele.

____

2. Aquele que trata das gestantes, faz partos.

____

3. Aquele que cuida das crianças.

____

4. Aquele que cuida de idosos.

____

5. Aquele que cuida das pessoas com algum problema emocional, depressão, traumas.

____

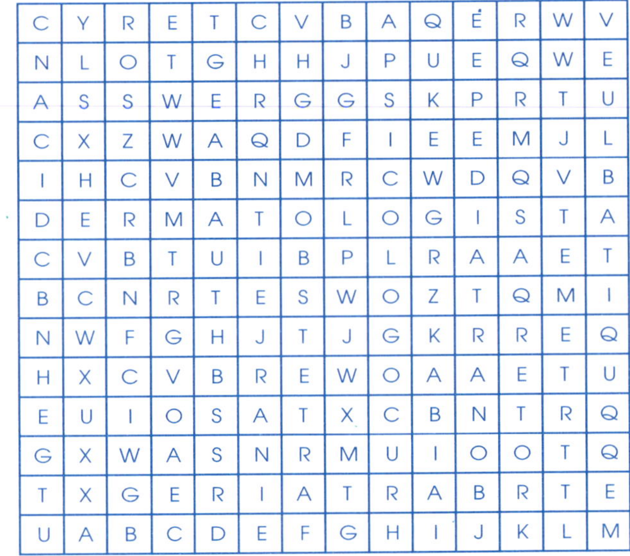

C	Y	R	E	T	C	V	B	A	Q	É	R	W	V
N	L	O	T	G	H	H	J	P	U	E	Q	W	E
A	S	S	W	E	R	G	G	S	K	P	R	T	U
C	X	Z	W	A	Q	D	F	I	E	E	M	J	L
I	H	C	V	B	N	M	R	C	W	D	Q	V	B
D	E	R	M	A	T	O	L	O	G	I	S	T	A
C	V	B	T	U	I	B	P	L	R	A	A	E	T
B	C	N	R	T	E	S	W	O	Z	T	Q	M	I
N	W	F	G	H	J	T	J	G	K	R	R	E	Q
H	X	C	V	B	R	E	W	O	A	A	E	T	U
E	U	I	O	S	A	T	X	C	B	N	T	R	Q
G	X	W	A	S	N	R	M	U	I	O	O	T	Q
T	X	G	E	R	I	A	T	R	A	B	R	T	E
U	A	B	C	D	E	F	G	H	I	J	K	L	M

9. Assinale a alternativa correta quanto à REGÊNCIA dos verbos.

1. a. Vou vê-la mais tarde.
   b. Vou ver-lhe mais tarde.

2. a. Informei-o do acontecido.
   b. Informei-lhe do acontecido.

3. a. Convidei-as para a cerimônia.
   b. Convidei-lhes para a cerimônia.

4. a. Sempre os vejo perto da praça.
   b. Sempre lhes vejo perto da praça.

5. a. Paguei-o a conta.
   b. Paguei-lhe a conta.

10. Que PREPOSIÇÕES estão faltando no texto?

mas	de	sem	à	de	em	do	das	de

Dar muita risada pode causar stress

Não se deve viver mal-humorado nem carrancudo, (1) __________ pesquisadores holandeses advertem: ficar rindo muito e gargalhando (2) __________ tudo (3) __________ parar pode levar o organismo (4) __________ beira (5) __________ um colapso (6) __________ *stress*. Isso porque a risada forte, embora não se perceba, tem reflexos (7) __________ praticamente todos os músculos (8) __________ corpo. O risco maior é (9) __________ pessoas que riem mexendo os ombros. A forma ideal de dar uma boa gargalhada é concentrar-se nos músculos faciais de forma que apenas eles sejam ativados.

*(Fonte: texto adaptado da revista **Isto É**, 29/9/99)*

11. Responda ao questionário, completando os espaços com o VERBO na 1ª pessoa do singular (eu).

Você tem qualidade de vida???

Qualidade de vida é mais do que ter uma boa saúde física ou mental. É estar bem com você mesmo, com a vida, com as pessoas queridas, enfim, estar em equilíbrio. E isso pressupõe muitas coisas: hábitos saudáveis, cuidados com o corpo, atenção para a qualidade de seus relacionamentos, balanço entre a vida pessoal e profissional, tempo para o lazer, saúde espiritual, etc. Ser competente na gestão da própria saúde e estilo de vida deve (ou deveria) fazer parte das prioridades de todo mundo.

*(Fonte: texto adaptado da revista **Você s.a.**, fevereiro/2000)*

Marque:
(0) Raramente ou nunca
(1) Algumas vezes
(2) Freqüentemente

Exemplo: ***1. (1) Tomo (tomar) um bom café da manhã, com frutas, cereais, etc.***

2. (   ) __________ (comer) frutas e vegetais crus pelo menos duas vezes ao dia.
3. (   ) __________ (evitar) comer alimentos doces ou açúcar no dia-a-dia.
4. (   ) __________ (beber), no máximo, quatro cafezinhos por dia.
5. (   ) __________ (beber), no mínimo, cinco copos d'água por dia.
6. (   ) __________ (praticar) mais de 30 minutos de atividade física, pelo menos três vezes por semana.
7. (   ) __________ (evitar) drogas e tabaco.
8. (   ) __________ (ser) capaz de expressar minha raiva ou meu descontentamento para resolver os problemas, em vez de os engolir.
9. (   ) __________ (dedicar) à meditação ou ao relaxamento um mínimo de 15 a 20 minutos por dia.
10. (   ) __________ (dormir) bem, no mínimo 6 horas por noite.
11. (   ) __________ Não me (sentir) tenso ou ansioso, e gosto muito da minha vida.
12. (   ) __________ (acreditar) que minha vida tenha propósito e significado.
13. (   ) __________ (ver) o futuro como uma oportunidade a mais de crescimento.
14. (   ) __________ (fazer) atividades sociais em pelo menos três dias da semana.
15. (   ) __________ (ter) uma atividade (*hobby*, esporte, etc.) que gosto de (fazer/praticar) regularmente, mas não me sinto obrigado.

Pontuação

De 0 a 9: RUIM. Sua qualidade de vida não anda nada bem. Procure mudar seus hábitos com urgência. Ainda há tempo!

De 10 a 18: BAIXA. Sua qualidade de vida não é das melhores. Inicie mudanças concretas e os resultados logo aparecerão.

De 15 a 19: RAZOÁVEL. Algumas noções você já tem. Verifique os pontos falhos e as deficiências e aja para melhorá-las.

De 20 a 24: BOA. Seus esforços têm sido recompensados. Você foi picado pelo inseto da qualidade de vida. Isso é muito bom. Continue nessa!

De 25 a 30: EXCELENTE. Parabéns! Você realmente conhece o sentido da vida. Sua gestão pessoal serve como exemplo para outras pessoas.

(Fonte: texto adaptado da revista ***Você s.a.****, fevereiro/2000, pp. 14 e 15)*

MÃOS À OBRA!

Ruberval – o síndico, em ...
'A Pauta de hoje'

"Bem, como pais (1) __________ conscientes da importância de vacinar (2) __________ nossos filhos, o conselho do condomínio decidiu (3) ________________ contribuir na divulgação boca-a-boca da campanha de vacinação e também, através de panfletos informativos que fixaremos (4) ________________ em padarias, farmácias... Pedimos a colaboração de todos para o sucesso dessa iniciativa."

Exercícios:

1. Acrescente ao texto acima os ADVÉRBIOS: realmente, muito, facilmente e sempre.

____

____

____

____

____

____

____

____

____

____

2. Substitua as palavras grifadas por: lhe, lhes, o, a, os, as. Faça as alterações necessárias.

a. Você vacinou **seus filhos** na última campanha de vacinação?

______________________________?

b. Você convenceu **sua vizinha** a divulgar a campanha?

______________________________?

c. Você entregou os panfletos **aos donos de padaria**?

______________________________?

d. Você pediu ajuda **ao zelador** para fixar os cartazes?

______________________________?

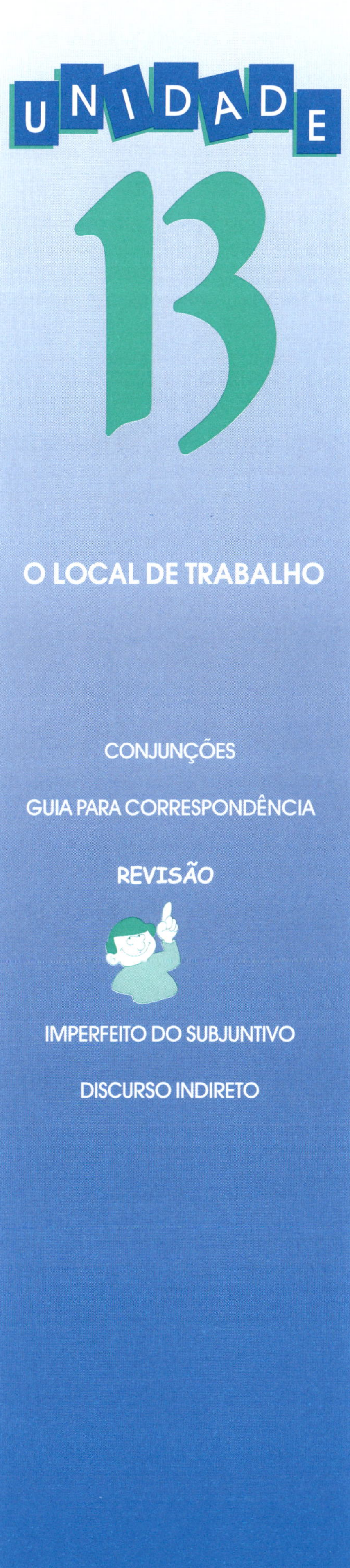

1. a. Relacione as orações.

1. ( ) Não tome nenhuma decisão quando estiver cansado ou nervoso
   ... **deixe a poeira baixar**, espere as coisas se normalizarem.
2. ( ) Seja humilde principalmente nas vitórias.
   Acostumar-se com a paisagem é muito perigoso (...) você pode **cair do cavalo.**
3. ( ) Ouça, pense e não fale por impulso.
   Se não houver a capacidade de **engolir sapos**, não há a capacidade de vencer.

a. O nervosismo, o cansaço impedem o bom senso, a clareza de raciocínio. Nesses casos, deveremos tomar decisões no dia seguinte.

b. No relacionamento com o mercado, com o concorrente, o cliente, o fornecedor, ou o funcionário, se você não conseguir suportar desaforos, comentários desagradáveis, não será possível pular obstáculos.

c. Você tem o direito de comemorar, mas cuidado para não ofender os outros, pois o mundo vira e a vitória de hoje pode ser a derrota de amanhã.

(Fonte: texto adaptado de ***Profissão: Vencedor*** *– Luiz A Marins Filho, Ph.D. – Casa da Qualidade Editora)*

b. Agora, escreva uma nova frase em que o significado das expressões esteja claro.

1. Deixar a poeira baixar ______________________________.
2. Cair do cavalo ______________________________.
3. Engolir sapo ______________________________.

2. Una estas orações, usando as CONJUNÇÕES COORDENATIVAS abaixo da forma mais adequada. Faça as modificações necessárias.

e - mas - nem - ou - por isso - porque

1. Fui ao banco. Coloquei umas cartas no correio.
   ______________________________.
2. Não o ofendemos. Não o elogiamos.
   ______________________________.
3. Você quer sair? Você quer ficar em casa?
   ______________________________.
4. Não li direito as instruções. Não consegui ligar o aparelho.
   ______________________________.
5. Compramos as passagens aéreas. Vamos viajar nas férias.
   ______________________________.
6. Fiz tudo sem ajuda. Consegui me sair bem.
   ______________________________.

3. Ordene o diálogo entre um gerente e um cliente do Banco Real.

( ) Pré-fixado? Como assim?

( ) **Ótimo! Isso significa que os negócios vão de vento em popa!**

( ) Ações... nem pensar! Não gosto de arriscar.

( ) **No momento da aplicação a senhora já sabe qual será a rentabilidade.**

(1) **Bom dia, Sra Fátima. Por favor, sente-se.**

( ) Parece bem interessante. Então vamos lá. Hoje vou aplicar 200 mil reais.

( ) **Pois não. A senhora prefere investir em ações ou fazer um investimento de renda fixa?**

( ) Bom dia, Gouveia. Hoje preciso de uma boa dica para uma aplicação.

( ) **Então a melhor opção é investir no CDB pré-fixado.**

4. Complete as orações usando as CONJUNÇÕES do quadro abaixo.

à medida que - como - como também - embora já que - nem - pois - porém - portanto - que

1. O time jogou bem; ______________ não conseguiu a vitória.
2. Cecília não trabalha ______________ estuda.
3. ______________ dormi tarde demais, não consegui acordar na hora certa.
4. Comprei cheques de viagem em dólares, ______________ vou viajar para os Estados Unidos.
5. ______________ o projeto tivesse sido muito bem elaborado, não foi aceito.
6. Falou tanto, ______________ ficou rouco no dia seguinte.
7. Elas não só estudavam, ______________ trabalhavam muito para ajudar a família.
8. Não demore na rua, ______________ preciso de você.
9. Todos já o alertaram, ______________ não fale mais nada.
10. Ficamos mais e mais tensos ______________ o momento se aproximava.

5. Escolha a alternativa que mais se aproxima à sua realidade.

1. Se você fosse demitido amanhã

( ) ficaria muito surpreso.

( ) ficaria aliviado e partiria para outra sem problemas.

2. Se recebesse um convite para trabalhar em outro país

( ) ficaria satisfeito pela indicação de seu nome e iniciaria os preparativos imediatamente.

( ) ficaria preocupado com as mudanças que a viagem traria.

3. Se seu chefe dissesse que de hoje em diante você poderia trabalhar em casa

( ) estranharia o fato e ficaria desconfiado com tal decisão.

( ) ficaria feliz porque teria mais tempo livre com a família e não perderia tanto tempo no trânsito.

MAIS BRASIL

7. A. **É o refúgio de inverno dos paulistanos que buscam o frio da Serra da Mantiqueira. Os passeios pelas ruas arborizadas ou pelas trilhas, a compra de malhas, a comida à base de truta e o chocolate quente são algumas das atrações.**

a. Águas de Lindóia

b. Embu

c. Campos de Jordão

7. B. **Barra da Tijuca, Guaratiba, Copacabana, Leblon e Ipanema/Ubatuba, Ilha Bela, Bertioga e Guarujá são, respectivamente, famosas praias:**

a. no Rio de Janeiro e em São Paulo

b. no Rio de Janeiro e em Vitória

c. no Rio de Janeiro e em Fortaleza

6. Imagine-se em cada uma das situações e responda: O que seria diferente, se você... ou o que você faria se...

1. soubesse falar cinco línguas fluentemente?

______________________________.

2. soubesse que viveria 120 anos?

______________________________.

3. fosse eleito(a) Presidente do Brasil?

______________________________.

4. ficasse perdido no meio da selva amazônica?

______________________________.

5. encontrasse R$10.000,00 num envelope perto do Banco?

______________________________.

6. fosse mais jovem?

______________________________.

7. encontrasse a lâmpada mágica de Aladim?

____

______________________________.

8. não precisasse trabalhar mais?

______________________________.

9. encontrasse um bebê abandonado em frente à porta de sua casa?

____

______________________________.

10. fosse a uma festa em que servissem apenas pratos exóticos de que você não gostasse?

____

______________________________.

7. Leia o diálogo e, em seguida, responda às questões da página seguinte usando o DISCURSO INDIRETO.
Obs: Os verbos sublinhados devem ser mudados. Faça as modificações necessárias. Veja o exemplo.

A: Bom dia. Meu nome <u>é</u> Augusta Chavez. <u>Sou</u> chilena e <u>estou</u> no Brasil desde março.

B: *Quando você terminou a faculdade?*

A: <u>Terminei</u> há cinco anos e agora <u>quero fazer</u> o curso de pós-graduação em Economia nesta universidade.

B: *Quais são os seu planos depois de terminar a pós-graduação?*

A: Se eu <u>conseguir</u> o título de Mestre, <u>darei</u> aula numa universidade do meu país.

B: *Você já tem um projeto?*

A: Sim, ontem fui conversar com um professor sobre o meu projeto.
B: *A sua família está no Chile?*
A: Não, eu vim com o meu marido e meu filho. O meu marido veio a serviço e ficará quatro anos aqui no Brasil.
B: *A criança ainda é pequena?*
A: Sim, está com um ano.
B: *Estudar e cuidar do bebê não será fácil, mas desejo sucesso a vocês. Caso você tenha alguma dúvida, ligue para a secretaria.*
A: Obrigada.

1. Como ela se apresentou ao entrevistador?

Exemplo: ***Ela disse que o nome dela era Augusta, era chilena e estava no Brasil desde março.***

2. Ela já tem o diploma do curso superior?
_______________.
3. Por que ela foi entrevistada?
_______________.
4. O que ela disse sobre os planos após a pós-graduação?
_______________.
5. Ela já procurou algum professor para falar do seu projeto?
_______________.
6. Ela veio sozinha ao Brasil?
_______________.
7. Quanto tempo o marido dela ficará no Brasil?
_______________.
8. O que o entrevistador disse para Augusta fazer em caso de alguma dúvida?
_______________.

8. Complete o diálogo usando uma das palavras do quadro.

investimento - fila - débito automático
guichês - cartão magnético - caixa eletrônico

A: Otávio, você já pagou a conta de água e luz deste mês?
B: *As duas já estão no (1) _______________. O banco as debita automaticamente na minha conta corrente.*
A: E o depósito que eu lhe pedi pra fazer?
B: *Fui ao banco hoje de manhã, mas havia uma (2) _______________ muito grande nos (3) _______________ e só dois caixas funcionando. Então, resolvi fazer o depósito no (4) _______________, aquela máquina em que usando o (5) _______________ podemos fazer qualquer transação bancária.*
A: Mas pensando bem, poderíamos ter feito o depósito por Internet, sem sair de casa.
B: *É mesmo! Eu nem pensei nisso. Agora que temos acesso à rede, podemos fazer isso.*
A: Mas será que dá para abrir uma conta ou fazer um (6) _______________, uma aplicação?
B: *Investimentos e aplicações, sim. Mas para abrir uma conta, não. É preciso ir ao banco para assinar os documentos necessários.*
A: Mas ouvi falar que logo, logo será possível fazer isso por Internet também.
B: *Mas será que isso é bom?*

9. Cruzadinha! Encontre a palavra oculta, na vertical.

Exemplo: ***(aposentadoria) Dispensa de serviço com saldo ou ordenado por inteiro, ou parte dele.***

B	H	R	E	S	W	C	V	B	N	M	K	U	I
A	P	O	S	E	N	T	A	D	O	R	I	A	O
D	F	I	M	P	R	E	S	S	O	R	A	G	Y
C	V	R	T	S	A	L	A	R	I	O	T	R	E
R	C	H	E	Q	U	E	R	G	H	J	U	I	O
H	G	D	T	U	I	F	E	R	I	A	S	E	R
W	Q	U	Y	K	C	O	F	R	E	Y	U	I	O
B	N	L	I	C	E	N	Ç	A	W	R	T	Y	U
B	G	R	A	M	P	E	A	D	O	R	E	R	G
F	R	T	U	I	O	P	H	S	Z	X	C	D	A

1. (____________) Máquina para imprimir os trabalhos feitos no computador.

2. (____________) Remuneração paga pelo empregador ao empregado de forma regular, normalmente por mês, correspondente ao trabalho prestado ou executado.

3. (____________) Ordem de pagamento de determinada quantia, dirigida a um banco, por pessoa ou firma, em favor de outra pessoa ou firma. Substitui o dinheiro preenchido com dados tais como: valor, local, data, assinatura, etc.

4. (____________) Época de descanso do trabalho ou da escola, após um período anual ou semestral de trabalhos ou atividades.

5. (____________) Local onde se guardam objetos de valor, tais como: dinheiro, jóias, documentos valiosos, etc.

6. (____________) Autorização para afastamento do serviço, devido a vários motivos: doença, gravidez, etc.

7. (____________) Pequeno aparelho manual para prender papéis com grampos.

10. Leia a carta abaixo recebida por Carlos. Em seguida, elabore a carta, que Carlos TERIA ESCRITO em 07 de abril, para Tapetes Soares, antes de receber esta resposta.

CARTA COMERCIAL

A
Carlos Silva
NESTA

Prezado Carlos,

Em resposta a sua última carta, esclareço que não havia recebido sua primeira comunicação. Confirmo, todavia, o recebimento das amostras que estão sendo analisadas com carinho.
Não recebi o orçamento que deveria ter vindo anexo. Você poderia enviá-lo novamente, por favor?
Assim que tivermos uma resposta, afirmativa ou negativa, voltaremos a entrar em contato.

Atenciosamente,

____

Regina Silva
Gerente de Compras

A
Tapetes Soares
NESTA

____

____

____

____

____

Atenciosamente,

____

Carlos Silva

O MERCADO DE TRABALHO

PREFIXOS

SUFIXOS

SUPERLATIVO ABSOLUTO

GUIA PARA CORRESPONDÊNCIA

REVISÃO

ADVÉRBIOS
COMPARATIVO E SUPERLATIVO

FUTURO DO SUBJUNTIVO

1. Muitas vezes acontece que, numa conversa, não podemos ou não queremos externar nossos sentimentos. Isso também é expresso pelo nosso corpo.

a. Analise as figuras e relacione os dizeres dos balões a cada parte do corpo indicada.

*(Fonte: texto adaptado de **O Corpo Fala**, Pierre Weil e Roland Tompakow, Ed. Vozes, p.153)*

1. Lábio presos entre os dentes ( )
2. Braços cruzados e joelhos encostados ( )
3. Mão apoiando o queixo e cotovelo sobre a mesa ( )
4. Mão tampando a boca ( )

b. A linguagem corporal pode dizer muito mais do que se imagina! Numere de 1 a 4, de acordo com as frases acima.

a. ( ) Quero esconder a minha indecisão.
b. ( ) Prefiro não me comunicar.
c. ( ) Quero me proteger, fecho-me para não ser atingido.
d. ( ) Sou contra isso!

2. Responda às seguintes questões.

Com que freqüência você...

1. assiste a filmes de terror? ________________.
2. manda e-mails desejando feliz aviversário para seus amigos? ________________.
3. dá informação na rua para brasileiros? ________________.
4. tira uma soneca depois do almoço? ________________.
5. estuda ou trabalha com o rádio ligado? ________________.
6. no sonho, fala em português? ________________.
7. assiste aos dois tempos de um jogo de futebol? ________________.
8. prepara um suculento prato para o almoço de domingo? ________________.

3. Escreva a fala de A usando o FUTURO DO SUBJUNTIVO. Veja o exemplo.

Exemplo: ***A:*** ***<u>Só vou aceitar o emprego se me pagarem um bom salário</u>. (aceitar o emprego)***
B: Estamos pagando um ótimo salário.

1. A: ______________________________ ______________________________. (entregar a mercadoria)
   B: Trarei os documentos sem falta.

2. A: ______________________________ ______________________________. (poder atender)
   B: Então vou falar para ela vir aqui amanhã bem cedo.

3. A: ______________________________ ______________________________. (levar ao cinema)
   B: Tomara que não chova!

4. A: ______________________________. (ir à festa)
   B: Mas eu ainda não sei se irei ou não.

5. A: ______________________________. (viajar)
   B: Com certeza, amanhã já estarei bem melhor.

4. Que palavras podem estar relacionadas a *Panelinhas Corporativas*? Faça uma lista, compare-a com a de seus colegas e discuta-a em sala com o professor.

Panelinhas Corporativas

Elas têm regras de lealdade próprias e objetivo claro de preservação custe o que custar. E podem gerar problemas para a empresa, como sabotagens, indicação de profissionais de competência duvidosa e desintegração de equipes.

5. A consultora em RH Gisela Mosman elaborou um pequeno teste para você verificar se, em sua empresa, existem panelinhas.

EQUIPES OU CONCHAVOS?

1. Nas reuniões em sua casa com colegas de trabalho:
a) Só vai um grupo seleto. Afinal, à minha casa somente os amigos têm acesso.
b) Chamo todos e a maioria comparece.
c) Chamo todos, mas, normalmente, o grupo que vai é pequeno e sempre o mesmo.
d) Chamo um grupo grande, mas não todos.

2. Quando há um casamento de alguém da empresa:
a) Os convidados da empresa são poucos.
b) A empresa comparece em peso.
c) O grupo que comparece é pequeno, apesar de o convite ter sido feito a todos. Estava até no mural.
d) Comparece um grande grupo da empresa, apesar de faltarem alguns.

3. No aniversário de um colega de trabalho:
a) Apenas algumas pessoas dão presentes ao aniversariante.
b) É feita uma coleta e todos colaboram com o presente.
c) É feita uma coleta e apenas um pequeno grupo colabora com o presente.
d) Todos se reúnem e cantam parabéns.

4. Quando é tomada uma decisão importante que afeta a todos na empresa:
a) Você fica sabendo apenas de boatos a respeito da decisão.
b) A decisão é tomada em uma grande reunião, com a participação de todos.
c) Você recebe a notícia por um informativo, sem muitas explicações.
d) A decisão é tomada em uma reunião com a participação dos responsáveis pelo departamento.

5. Quando abre uma vaga de chefia na empresa:
a) Todos já sabem quem será promovido.
b) Há uma grande briga para ocupar o cargo.
c) Duas ou três pessoas disputam esse cargo.
d) Todas as pessoas aptas podem ser promovidas.

6. O que acontece com sua equipe na hora do almoço?
a) Normalmente as mesmas pessoas almoçam juntas.
b) Se seu companheiro de almoço não pode almoçar no horário, você se organiza para almoçar com ele.
c) Você sempre almoça com pessoas diferentes.
d) O grupo na hora do almoço é variado.

(Fonte: texto adaptado de Panelinhas Corporativas - Por Cybelle Young e Gumae Carvalho - Revista Melhor - julho/2006)

6. Leia os seguintes anúncios de emprego e responda às perguntas ou complete as frases.

A

Engenheiro de Compras

Requisitos: Graduação em Engenharia, inglês fluente, 3 anos de experiência em Compras Estratégicas, que assegurem uma sólida implantação de negócios/novos produtos. Possibilidades de viagem ao exterior.

Salário Inicial: R$1.500,00 com possibilidades de promoções rápidas.

Oferecemos: ticket refeição e vale transporte.

Enviar Curriculum Vitae para Caixa Postal 1234, Cep: 13056-970 - Campinas, sob a sigla ENG.

B

Engenheiro de Processos

Requisitos: Formado em Engenharia Mecânica, Química, Eletrônica; experiência mínima de 5 anos em Fabricação de Fibras Ópticas; utilização de Ferramentas de Qualidade; domínio do software: Excel, Auto Cad e MS Project.

Salário Inicial: R$2.000,00.

Oferecemos: assistência médica completa.

Enviar CV para Caixa Postal 246 - CEP 12020-980 - SP, sob a sigla Processos

C

Engenheiro Mecânico

Requisitos: Experiência em manutenção de equipamentos e conhecimento de avaliações e vistorias técnicas. Disponibilidade para viagens; organizado.

Salário Inicial: R$1.700,00.

Oferecemos: todos os benefícios de uma empresa de grande porte, tais como assistência médica completa, ticket refeição, vale transporte, cesta básica, prêmio sobre produção.

Enviar CV para a R. Ibirapitanga, 236, sala 307 - SP CEP 13027-278, sob a sigla Engenheiro Mecânico

1. Qual deles oferece melhores condições? Quais são essas condições?
____
____
____.

2. Qual dos anúncios exige menor tempo de experiência?
____
____.

3. O emprego da firma A ______________________
____
____
____.

4. O emprego da firma B ______________________
____
____
____.

5. O emprego da firma C ______________________
____
____
____.

6. A qual destes empregos você gostaria de se candidatar? Por quê? ______________________
____
____
____.

7. SUPERLATIVO ABSOLUTO. Faça as modificações conforme o exemplo.

Exemplo: ***Jorge sempre me ajuda. Ele é muito amável. → Ele é amabilíssimo.***

1. Teresa é muito simpática. Todos gostam dela. → ______________________
____

2. Ana e Lúcia são muito amigas. Estão sempre juntas. → ______________________
____

3. Lavei a camisa com um novo detergente. Ficou bem branca. → ______________________
____

4. Aquela loja está liqüidando todo o estoque de produtos. Estão bem baratos. → ______________________
____

5. Para ganhar a competição, ele fez um esforço muito grande, mas valeu a pena. → ______________________
____

6. Sandra era muito magra porque comia muito pouco. → ______________________
____

8. a. Leia o texto atentamente.

Feng Shui /fonsuei é uma arte milenar chinesa de organização de espaço. Considere-o a acumpuntura da construção. Assim como o acumputurista utiliza agulhas para ajustar o fluxo energético do organismo, o consultor de feng shui usa objetos para redirecionar o fluxo em um ambiente interno ou externo. A habilidade do acumputurista traz saúde para o paciente; o trabalho do mestre de feng shui cria um ambiente saudável e equilibrado. Ambos somam incomensuravelmente para a qualidade da vida humana.

Dito de forma mais simples, o feng shui é um sistema de organização ou arranjo do ambiente de modo que ele esteja em harmonia e equilíbrio com a natureza. Quando o nosso ambiente é sereno e está em harmonia com as poderosas forças universais, nós também estamos. E o mesmo ocorre com nossa vida.

Os princípios do feng shui podem ser aplicados ao arranjo de um vaso de flores ou à planta de todo um projeto arquitetônico. Com o feng shui apropriado podemos favorecer, em nossa vida, o aspecto financeiro, os relacionamentos, a criatividade – dependendo de quais sejam as nossas metas. À medida que aprendemos sobre o feng shui e começamos a colocar em prática suas técnicas, ganhamos mais controle sobre nossa vida e vantagem em nossos esforços pessoais e profissionais.

*(Fonte: texto adaptado de **Feng Shui no Trabalho**, Kirsten M. Lagatree, Ed. CAMPUS)*

b. Responda de acordo com o texto.

1. Qual é o objetivo do Feng Shui?

____
____
____
____
____.

2. Como essa técnica pode contribuir para o nosso bem-estar?

____
____
____
____.

c. Encontre no texto palavras que possuam os PREFIXOS ou SUFIXOS abaixo e complete o quadro com outras palavras que possuam o mesmo radical sugerido.

Exemplo: ***sufixo*** **- ico**	*energético*	*prático*	*fanático*	*frenético*
prefixo - **re**				
sufixo - **ista**				
sufixo - **vel**				
sufixo - **dade**				
sufixo - **gem**				
prefixo - **in**				

9. CRUZADINHA! Na cruzadinha abaixo, vamos procurar palavras referentes a TIPOS DE TRABALHO.

HORIZONTAIS:

1. (   ) Situação transitória de aprendizado de especialização que alguém faz numa organização pública ou particular. Geralmente ocorre nos últimos anos de faculdade ou universidade.
2. (   ) Período de especialização médica, obrigatório a todos os aspirantes a doutor.
3. (   ) Pequenos ganhos avulsos, biscate.
4. (   ) Período de trabalho total.

VERTICAIS:

1. (   ) Provisório, transitório.
2. (   ) Que supre, que pode ser chamado a desempenhar certas funções, na falta daquele a quem elas competiam efetivamente.
3. (   ) Estável, firme.
4. (   ) Serviços noturnos em hospitais, redações de jornais, fábricas, etc.

10. Leia o diálogo entre Teresa e seu chefe, o Sr. Antônio. Ele dá instruções a Teresa para obter informações sobre a empresa T B Idiomas. Escreva uma carta como se fosse Teresa.

A: Teresa!
T: Pois não, doutor Antônio.
A: Por favor, mande uma carta por fax ou e-mail à Torre de Babel, a escola onde faço meu curso de espanhol.
T: Aquela na Avenida Paulista?
A: Sim. Oficialize minha requisição de um orçamento para aulas de inglês e espanhol para nossos funcionários.
T: Que bom! Durante o expediente?
A: De preferência de manhã cedo ou na hora do almoço.
T: No fim do expediente não?
A: Não... no fim do dia, todo mundo já está muito cansado. Não acredito que o aproveitamento seja bom.
T: E as aulas para os estrangeiros?
A: Ah, sim! Já ia me esquecendo. Peça também aulas intensivas para os ingleses e franceses que estarão chegando na próxima semana.
T: E para as famílias?
A: Também... na casa deles ou no hotel, num primeiro momento. Diga que é urgente.
T: Só isso?
A: Sim. Eu assino, está bem?
T: Pois não.

CARTA COMERCIAL

UNIDADE 15

A CULTURA BRASILEIRA NO TRABALHO

FLEXÃO DO SUBSTANTIVO

PRETÉRITO MAIS-QUE-PERFEITO

SUJEITO INDETERMINADO

COLETIVOS

GUIA PARA CORRESPONDÊNCIA

REVISÃO

DISCURSO INDIRETO

PREFIXOS E SUFIXOS

"A": PREPOSIÇÃO, ARTIGO OU PRONOME?

Você é organizado?
Você é uma pessoa/um funcionário organizado(a)?
Meu café está por aí, embaixo de alguma coisa!

Se você é muito desorganizado, se sua mesa está coberta por pilhas de papéis, se há livros espalhados pelo chão, e você ainda não encontrou aquele par de sapatos que usou quarta-feira passada e se você ainda está procurando aquele memorando que você precisa mandar urgente para seu chefe...

ALGUMA COISA ESTÁ ERRADA...

✓ Você perde um tempo monumental procurando as coisas.

✓ Você está dando um péssimo exemplo à sua equipe.

✓ Sua sala não será um lugar adequado para discutir sobre negócios.

✓ Você estará sempre se atrasando ou perdendo prazos porque não conseguirá encontrar as coisas.

Aqui estão algumas estratégias de sucesso.

Dê uma solução a cada folha de papel, assim que ela chegar à sua mesa: leia, arquive ou jogue fora em seguida. Não a deixe sobre a mesa. Mantenha uma relação das coisas que você precisa fazer diariamente, estabelecendo prioridades. Crie um sistema de arquivamento simples, mas eficiente. Retorne os telefonemas assim que for possível. Tente minimizar as interrupções e arranje uma cesta de lixo bem grande.

*(Fonte: texto adaptado de **101 segredos para ser um Supervisor bem-sucedido** – Peter Garber e Mark Loper- Ed. Futura)*

1. a. Encontre no texto palavras que tenham o mesmo significado ou a mesma idéia que as palavras abaixo.

1. soltos, desordenados, fora do lugar ________________

2. documento interno de uma empresa ________________

3. o que se faz primeiro, por se considerar mais importante ________________

4. diminuir ________________

5. tempo a ser estipulado ou cumprido para o recebimento ou entrega de algum documento ou mercadoria ________________

b. PREFIXOS E SUFIXOS!!! Preencha o quadro, como no exemplo. Se necessário, consulte *Bem-Vindo!*, p. 132, Unidade 14.

Palavras do texto	Prefixo/sufixo	Significado do prefixo/sufixo	Outras palavras com o mesmo prefixo ou sufixo
1. monumental	-al	formar o adjetivo	genial, fenomenal, infernal
2.	-mente		
3.		negação, ação contrária	
4.			atraente, persistente, aparente
5. arquivamento			

2. Complete as frases com os SUBSTANTIVOS abaixo.

flora - platéia - multidão
elenco - fauna - orquestra

1. A ___________ aplaudiu de pé o ___________ ao terminar a peça.
2. Quando os artistas estavam saindo do teatro, uma verdadeira ___________ os esperava do lado de fora para pedir autógrafos.
3. A ___________ que tocou durante a apresentação do ballet foi de primeira!
4. O tuiuiu é o pássaro símbolo da ___________ do Pantanal Mato-grossense (pantaneira).
5. A ___________ da Amazônia é rica em plantas medicinais.

3. Circule a palavra ou expressão adequada.

1. Qual foi **a féria/as férias** da loja hoje?
2. Estou morrendo de dor **na costa/nas costas**. Acho que é de tanto ficar sentada.
3. O ex-presidente José Sarney foi eleito membro da Academia Brasileira de **Letra/Letras**.
4. O **vencimento/os vencimentos** da duplicata **foi prorrogado/foram prorrogados** devido ao atraso da entrega.
5. Quando uma pessoa é suspeita de enriquecimento ilícito, o juiz pode declarar **seu bem indisponível/seus bens indisponíveis** até a completa apuração do caso.

4. Seu amigo acabou de chegar ao Brasil. Explique a ele, em outras palavras, o significado das palavras grifadas nas frases abaixo.

1. 'Que baita <u>cardume</u> passou próximo ao veleiro!'
____
____.

2. Um <u>enxame</u> perto da colméia foi a causa da cicatriz em seu rosto.
____
____.

3. Todo o <u>elenco</u> está de parabéns! Apresentaram-se muito bem.
____
____
____.

4. O <u>congresso</u> se reuniu para definir o futuro da <u>fauna</u> e <u>flora</u> do país.
____
____
____.

5. Com pessoas de que nacionalidades estas situações tendem a acontecer? Escolha entre: brasileiros, alemães e portugueses.

(______________________) Quer se trate de encontros de negócios ou de jantar entre amigos, eles são muito pontuais, e o convidado perfeito chega até mesmo com alguns minutos de antecedência.

(______________________) Os cartões de visitas são trocados somente nos encontros de trabalho. Nas ocasiões mais formais, aprecia-se a cortesia um pouco pomposa de quem faz o beija-mão às senhoras (somente se casadas) e as chama pelo nome próprio precedido de "dona", em vez do costumeiro "senhora".

(______________________) São muito extrovertidos, gentis, mas, na maioria das vezes, não são pontuais.

(Fonte: Guia de Boas Maneiras para Viajantes - Bárbara Ronchi - Itália Nova)

6. SUJEITO INDETERMINADO - Escolha uma palavra do quadro para completar o diálogo.

precisam - perguntaram - falaram - demoraram - chamarão - disseram

Mãe: E aí, filho. Como foi a entrevista?

Filho: 1. Mais ou menos, mãe. ______________________ que entrarão em contato.

Mãe: Você foi bem recebido?

Filho: 2. Mais ou menos. ______________________ quase duas horas para me atender.

Mãe: Você entendeu todas as perguntas?

Filho: 3. Mais ou menos. ______________________ numa linguagem muito técnica.

Mãe: Você acha que tem alguma chance?

Filho: 4. Talvez. Na verdade, ______________________ de alguém com, no mínimo, dois anos de experiência.

Mãe: Você falou sobre sua habilidade com o computador?

Filho: 5. Sim, mas ______________________ muito mais sobre minha habilidade em falar outros idiomas.

Mãe: 6. Não se preocupe, meu filho. Tenho certeza de que ______________________ você.

7. Leia as seguintes situações e reescreva-as numa FORMA POLIDA.

1. Peça para ligar o ar-condicionado.

____

____?

2. Pergunte se o assento está vago.

____

____?

3. Peça permissão para usar o telefone.

____

____?

8. Coloque os seguintes recados no DISCURSO INDIRETO.

1.

Márcia Traga-me amanhã o livro e os CDs, pois vou usá-los na aula de quinta-feira. Obrigada. Miriam

____

____

____.

2.

Edson Não irei ao escritório na sexta, porque surgiu um imprevisto e vou ter que viajar para o Rio. Ligarei assim que voltar. Abraços, Júlio

____

____

____

3.

> Profª.Sílvia
> Fiz boa viagem aos Estados Unidos e fui bem recebido pela família americana.
> Acho que vai ser uma ótima experiência e espero voltar fluente em Inglês.
> Obrigado pelas aulas.
> Eduardo

____.

9. Vamos identificar a palavra *a* no diálogo? Escreva (1) para PREPOSIÇÃO, (2) para ARTIGO e (3) para PRONOME OBLÍQUO.

A: Você viu **a** (   ) Márcia?
B: Não **a** (   ) vi hoje, mas ela disse **a** (   ) meu pai que ia **a** (   ) Brasília.
A: Mas acho que ela cancelou **a** (   ) viagem devido **a**o (   ) mau tempo.
B: Quer que eu peça **a** (   ) ela que telefone pra você?
A: Bom, se você **a** (   ) encontrar, diga **a** (   ) ela que telefone **a** (   ) João. Ele estava querendo falar com ela.
B: Se ela não viajou **a** (   ) Brasília, vou convidá-l**a** (   ) para assistir **a** (   ) um filme. Vou **à** (   ) casa dela agora. Ela mora pertinho daqui.
A: Espero que **a** (   ) encontre. João parecia desesperado, querendo falar com ela!

10. O MAIS-QUE-PERFEITO é uma conjugação verbal utilizada normalmente na linguagem formal e literária e raramente empregado na linguagem falada, em que, normalmente, é substituído pelo PRETÉRITO PERFEITO COMPOSTO (Ver *Bem-Vindo!*, Unidade 11, p. 102). Indica um fato passado anterior a outro também passado. Substitua, nas frases, os VERBOS no PRETÉRITO PERFEITO COMPOSTO pela forma equivalente no MAIS-QUE-PERFEITO DO INDICATIVO.

> **Exemplo:** ***Quando chegamos, a família já almoçara. (ou tinha/havia almoçado)***
> ***1ª ação passada → almoçar;***
> ***2ª ação passada → chegar***

1. **Tínhamos pensado** que você não pudesse ajudar.

   ____.

2. Júlia **tinha imaginado** que estávamos ricos.

   ____.

3. Sempre se soube que ele **tinha levado** uma vida de economia e moderação para conseguir sobreviver com aquela aposentadoria tão miserável!

   ____.

4. Nada puderam fazer, pois o menino **tinha obtido** permissão dos pais.

   ____.

5. Como não **tinha conseguido** o visto, teve que desistir da viagem aos Estados Unidos.

   ____.

11. Preencha a cruzadinha com palavras relacionadas aos MEIOS DE COMUNICAÇÃO usados por uma empresa.

> **internet - memorando**
> **fax - malote - motoqueiros**
> **telefonema - cartas - intranet**

HORIZONTAIS:

1. (   ) Sistema de transmissão elétrica de documentos impressos, fotografias ou desenhos.
2. (   ) Impresso comercial, de formato menor que o de carta, usado para breves comunicações.
3. (   ) Interconexão de redes de informática que permite aos computadores conectados comunicar-se diretamente.
4. (   ) Comunicação manuscrita ou impressa acondicionada e endereçada a uma ou mais pessoas. (plural)

VERTICAIS:

1. ( ) Comunicação telefônica
2. ( ) Serviço de entrega rápida, executado por um pessoal dirigindo motos (plural)
3. ( ) Serviço particular para transporte e entrega rápida de correspondência ou encomendas
4. ( ) Sistema de redes menores, geralmente para uso de uma única organização

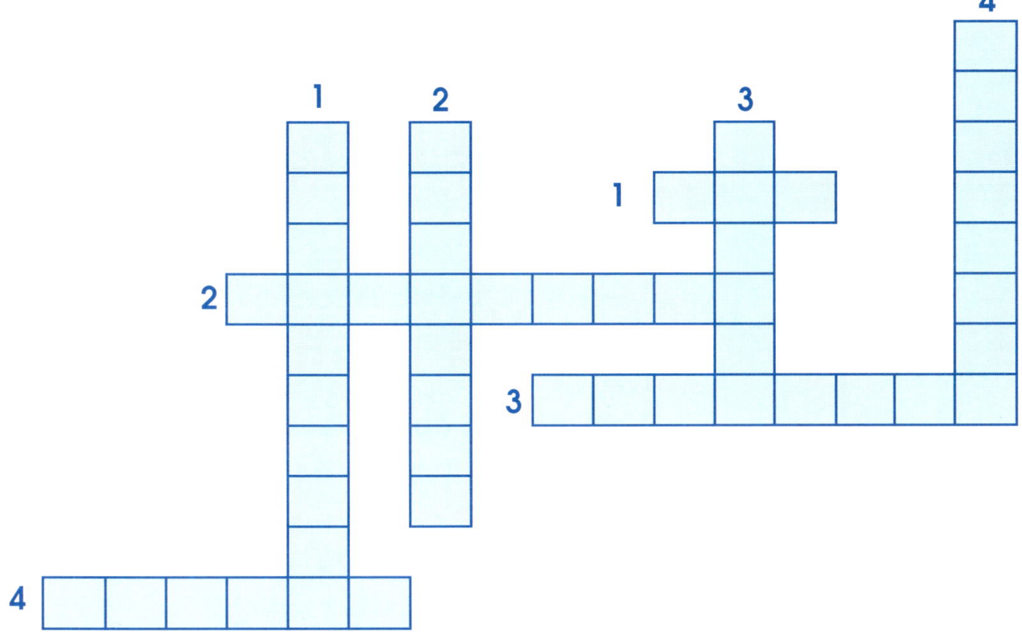

12. O chefe de Miriam, Sr. Jacob, fez uma viagem ao exterior e tem uma série de reclamações a fazer à agência de viagens com a qual sua empresa trabalha. Ele passa as queixas a Miriam, que faz a seguinte lista para ser usada como lembrete ao escrever sua mensagem eletrônica (e-mail):

- o lugar do Sr. Jacob não estava marcado no avião;
- a agência não havia informado seu número de cliente preferencial ao fazer a reserva;
- o apartamento reservado no hotel era para fumantes e o Sr. Jacob é alérgico a cigarros;
- a diária do hotel não incluía café da manhã;
- não havia transporte organizado para o translado ao aeroporto na volta para o Brasil.

CARTA COMERCIAL

Escreva a mensagem enviada por Miriam à agência de viagens.

TRABALHO, TRABALHO, TRABALHO...

FORMA E GRAFIA DE ALGUMAS PALAVRAS E EXPRESSÕES

ALGUNS PROBLEMAS DA LÍNGUA CULTA

GUIA PARA CORRESPONDÊNCIA

REVISÃO

PREPOSIÇÕES

PARTICÍPIO PASSADO

PREFIXOS

IMPERFEITO E FUTURO DO SUBJUNTIVO

1. a. Leia o texto abaixo e complete com as CONTRAÇÕES do quadro abaixo.

dos (2x) - nas - da - pelo

A moda no vídeo

O telejornalismo _____ Globo tem uma equipe de vinte produtores que zelam _____ visual _____ apresentadores e repórteres.

Veja as principais regras:

• Recomenda-se que os repórteres usem cabelos curtos, pois _____ reportagens externas o risco de que uma ventania desmanche o penteado é enorme.

• Os óculos _____ jornalistas são escolhidos pela consultoria de moda. Armações leves são recomendadas, para não chamar a atenção.

1. b. Se você fosse responsável pela redação dos itens abaixo, como você os redigiria usando a voz passiva?

1. Cores verde-limão e rosa choque (evitar)

   ____

2. Usar colares e gargantilhas (vetar)

   ____

3. Blusas de alças e decotes (não recomendar)

   ____

(Fonte: trecho adaptado da revista Veja, setembro 2004)

MAIS BRASIL

8. A. É a capital brasileira do forró:

a. Aracaju, em Sergipe

b. São João de Caruaru, em Pernambuco

c. Belo Horizonte, em Minas Gerais

8. B. Costa do Sauípe, Morro de São Paulo e Porto Seguro são importantes ciddes turísticas:

a. do Ceará

b. da Bahia

c. de Pernambuco

2. Como você supõe que será a sua vida daqui a dez anos com relação aos tópicos relacionados a seguir? Escreva sobre as suas previsões.

Exemplo: ***Daqui a dez anos não estarei mais na Suécia. Já terei me mudado para o Brasil.***

trabalho - moradia - viagens
relacionamento pessoal e/ou
familiar - sonhos relizados.

____
____
____
____
____
____
____
____
____
____.

3. Complete as sentenças com POR QUE, POR QUÊ, PORQUE ou PORQUÊ.

1. Não se aborreça, __________ isso passa logo.
2. Só __________ não fui à casa dele, ficou muito bravo comigo.
3. Você não saiu ontem, __________?
4. __________ cheguei tão tarde? Quer saber __________?
5. Sabe __________ ela não veio?
6. Desconheço o __________ de sua recusa.
7. Sempre saio a essa hora __________ não posso me atrasar.
8. Nem o governo sabe o __________ da inflação.
9. Ele não vai à festa, __________?

4. Complete as sentenças com MAL ou MAU.

1. O goleiro não defendeu o pênalti, pois estava __________ posicionado.
2. Como é desastroso ter um __________ administrador.
3. A patroa recebia a empregada sempre de __________ humor.
4. Não confunda o bem com o __________.
5. Ricardo nem sempre foi um __________ aluno.
6. Eles começaram a sentir-se __________ logo após o almoço.

5. Complete as sentenças com MAS (= porém), MAIS (+) ou MÁS (= ruins).

1. Brigaram muito, __________ continuam amigos.
2. Todas as amizades __________ devem ser evitadas.
3. Andou comendo __________ do que devia?
4. Esta é a flor __________ bonita que já vi, __________ dura tão pouco!
5. Hoje compramos __________ verduras e menos frutas.
6. Tivemos aumento salarial, __________ a inflação foi maior.

6. Leia o cartão-postal, encontre as palavras usadas inadequadamente e corrija-as. Consulte a p. 152 de *Bem-Vindo!*

Porto Seguro, 15 de novembro de 2000.

Querida Bete,

Estamos aqui ~~acerca~~ cerca de uma semana. Viemos para cá afim de descansar e dar belos mergulhos nesta praia abençoada, mais até agora não tive a chance de dar se quer um mergulho. Mas a paisagem é de mais! Em meio a este ambiente natural, lembrei-me de você. Com certeza, você adoraria este lugar! Quando tiver oportunidade, não deixe de vir conhecer este paraíso. Estou tirando um monte de fotos pra te mostrar.

Beijos da sua amiga Lu.

7. **Leia agora o seguinte conto e complete-o com uma das palavras ou expressões abaixo.**

de encontro a/ao encontro de - na medida em que/à medida que - a/há a par/ao par - se não/senão - onde/aonde

__________ muitos anos, em um país distante, ________________ nenhum ocidental ousou chegar, havia um príncipe. Ele tinha 17 anos, mas, ____________________ ia crescendo, aumentavam suas dúvidas quanto ao seu modo de vida, pois estava ________________ das dificuldades pelas quais passavam seus súditos. Resolveu largar tudo e viver por algum tempo em meio ao seu povo. Os reis, seus pais, sabiam que, ________________ lhe dessem permissão, o filho seria eternamente infeliz. Depois de algum tempo, tendo já assimilado o modo de vida do povo, o príncipe se tornou feliz. As dificuldades iam ____________________ que buscava: algo por que lutar, pessoas a quem ajudar e a satisfação de ter feito algo para melhorar o mundo.

8. **Complete com as formas adequadas do PARTICÍPIO PASSADO.**

1. Que confusão você fez! Esta conta já tinha sido ____________ no mês passado. (pagar)
2. Pedro estava muito empolgado com as aulas de inglês. Nunca antes em sua vida, tinha ___________ um curso de idiomas. (fazer)
3. Durante a partida de vôlei, o chão foi ____________ muitas e muitas vezes para o jogo prosseguir. (enxugar)
4. Estamos certos de que eles não teriam ___________ a proposta caso soubessem toda a verdade. (aceitar)
5. Todos eram unânimes em afirmar que o discurso tinha ____________ bem elaborado. (ser)
6. Eu nunca tinha ____________ o trem tão cheio! Parecia sardinha em lata! (pegar)

9. **Substitua a (?) pelo verbo adequado no IMPERFEITO ou FUTURO DO SUBJUNTIVO, e complete o quadro.**

Exemplo: ***a. Se você ? dinheiro, poderia comprar o livro.***
b. Se você ? o número do telefone, poderei ligar agora mesmo.

1 a. Se você ? à farmácia, compre-me este remédio.
b. Se você ? à festa, encontraria com a Joana.

2 a. Se eu ? você, compraria este carro.
b. Ele disse-me que só aceitará a proposta se ? lucrativa para a empresa.

3 a. Se eu ? de carro, é rápido. Levo uns dez minutos.
b. Se ele ? de carro, daria para levar estas caixas hoje.

4 a. Se você ? o cãozinho, ficaria com vontade de comprá-lo.
b. Se você ? alguma pessoa suspeita, avise-me.

5 a. Se você ? o perfume, eu o compraria.
b. Se você ? todos os documentos, poderá abrir uma conta bancária.

	VERBO	a	b
Exemplo:	***ter***	***tivesse***	***tiver***
1.			
2.			
3.			
4.			
5.			

10. **a. Leia as palavras do quadro e escreva abaixo a palavra com o seu ANTÔNIMO. (Há quatro palavras que não têm seu ANTÔNIMO no quadro.)**

eficaz	desconhecida	menor	moderna
experiente	antiga	forte	inexperiente
inexpressiva	séria	importante	pior
frágil	ousada	renomada	criativa
corajosa	melhor	covarde	ineficaz
desorganizada	maior	expressiva	**organizada**

Exemplo: ***organizada* - *desorganizada***

____________________ ____________________
____________________ ____________________
____________________ ____________________
____________________ ____________________
____________________ ____________________

b. Com qual desses quatro ADJETIVOS que restaram a sua empresa se identifica mais?

____________________ ____________________
____________________ ____________________

11. Dar, aceitar e recusar sugestões.

1. Dê sugestões.

a. Sua amiga quer ir à churrascada, mas vai ser num sítio. Ela tem o mapa, mas não conhece a estrada direito. Você também recebeu o convite.
Exemplo: ***Você gostaria que eu fosse com você pra te mostrar o caminho?***

b. Seu amigo foi a um restaurante e acha que esqueceu a pasta lá.

____
____

c. Seu amigo quer ir trabalhar temporariamente no exterior, mas está em dúvida se vai levar a esposa e os filhos.

____
____

2. Aceite ou recuse a sugestão.

a. Eu acho que você deveria assistir aos noticiários em português.

____
____.

b. Por que você não fica em albergue quando viaja? Sai bem mais barato que hotel.

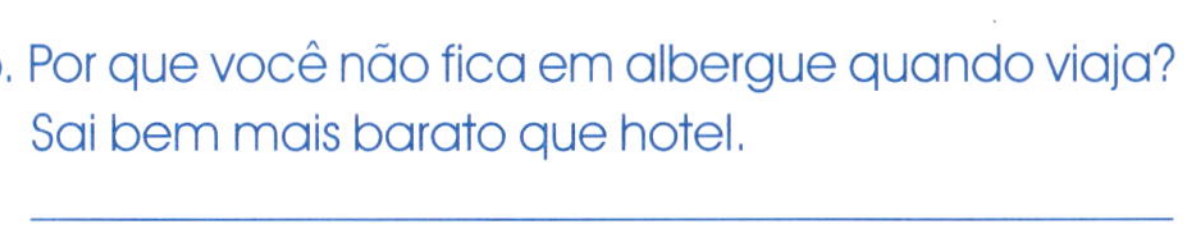

____
____.

12. Na cruzadinha, encontre palavras relacionadas a: RENDIMENTOS DE UMA EMPRESA, na horizontal, e DESPESAS DE UMA EMPRESA, na vertical.

HORIZONTAIS:

1. (   ) Cota-parte do capital das sociedades anônimas (plural).
2. (   ) Tipo de investimento.
3. (   ) Ato ou efeito de vender (plural).
4. (   ) Ato de aplicar ou empregar capitais em negócios (plural).
5. (   ) Auxílio técnico com conhecimentos especializados, oferecido a pessoas físicas ou jurídicas sobre um dado assunto.

VERTICAIS:

1. (   ) Aquisição de materiais (plural).
2. (   ) Aplicação da riqueza na satisfação das necessidades econômicas do homem, tais como: luz, água, gás, etc.
3. (   ) Remuneração.
4. (   ) Tributo que as pessoas físicas ou jurídicas pagam ao Estado (plural).
5. (   ) Obrigação, responsabilidade por dívidas passivas (plural).

13. **Você é o ex-presidente da Empresa FIT e está aposentado. Escreva os textos para os seguintes telegramas. Siga as instruções quanto à linguagem formal ou informal.**

1. (Formal) falecimento da esposa do presidente da empresa

Destinatário: ____________________

Remetente: ____________________

3. (Informal) congratulações à sua ex-secretária pelos bons resultados do filho no MbA da GV

Destinatário: ____________________

Remetente: ____________________

2. (Informal) parabéns ao gerente de RH pela conquista do Prêmio Nacional de Qualidade na Administração de RH

Destinatário: ____________________

Remetente: ____________________

4. (Formal) reclamação à área de Administração de Salários pelo atraso no depósito do bônus negociado quando da aposentadoria

Destinatário: ____________________

Remetente: ____________________

FESTA DE ANIVERSÁRIO

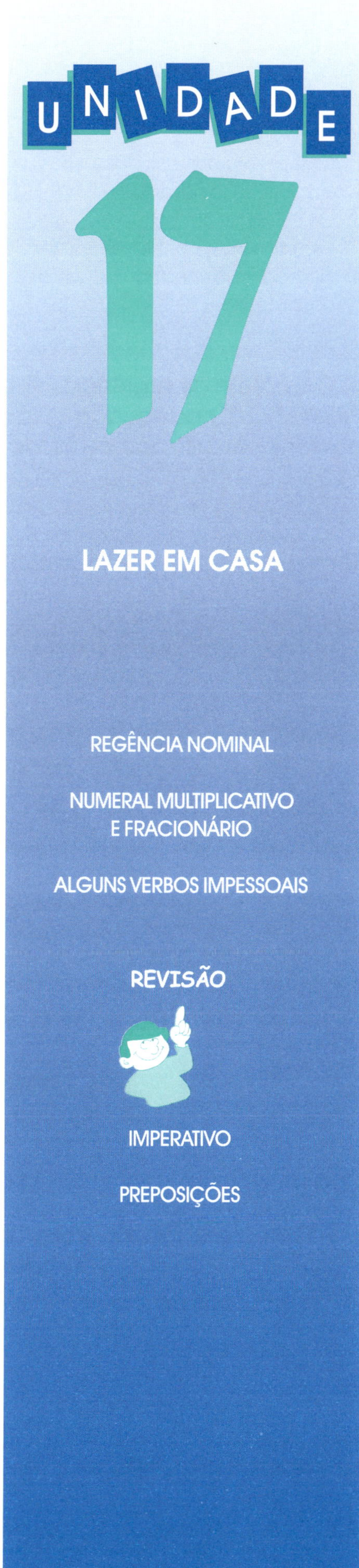

1. Complete o diálogo com o tempo verbal adequado.

MARCO: Querida, já está tudo pronto?

Rose: Ainda faltam alguns detalhes.

M: Mas que detalhes? Os convidados (1) ____________ (chegar) daqui a duas horas e nosso filho chegará antes. Você não quer estragar a surpresa, né?

R: Meu amor, não se preocupe. (2) ____________ (dar) tempo pra tudo. Por que, ao invés de ficar aí me olhando pendurar as bexigas, você não (3) ____________ (vir) me ajudar?

M: O que ainda precisamos fazer? Quem (4) ____________ (trazer) o bolo?

R: Sua mãe disse que fazia questão de trazer o bolo e os docinhos.

M: A que horas (5) ____________ (entregar) os pães?

R: Eu (6) ____________ (pedir) que entregassem por volta das seis e meia.

M: E os salgados? Você (7) ____________ (encomendar) o bastante para todos?

R: Encomendei duzentas coxinhas, cento e cinqüenta empadinhas e trezentos rissoles. Você acha que (8) ____________ (ser) suficiente?

M: Espero que sim. Você se lembrou de chamar os amigos do Juca da faculdade?

R: A Vera, da sala dele, ficou encarregada de avisar todos os amigos mais próximos.

M: Este já é o vigésimo aniversário surpresa que fazemos ao nosso filho. Será que ele não desconfia de nada?

R: O Juca é um doce de menino. Mesmo se ele (9) ____________ (saber), ele não diria nada.

M: Será que minha mãe vai lembrar de trazer quindim e olho-de-sogra? O ano passado ela se (10) ____________ (esquecer).

R: Marco, pare de se preocupar e (11) ____________ (ver) se vamos precisar de mais gelo.
A propósito, o que você (12) ____________ (comprar) de presente para o Juca?

M: Presente? Ih! Eu me esqueci do presente!!!! E agora???

2. Complete as sentenças com os verbos abaixo, nos tempos verbais apropriados, seguidos das PREPOSIÇÕES adequadas. Faça contrações quando necessário.

acreditar - assistir - basear - confiar cuidar - desistir - gostar - lutar

1. É importante ________________ saúde.
2. Ontem, tive que estudar e não ________________ o capítulo da novela.
3. Os cientistas se ________________ teorias recentes para concluir a pesquisa.
4. Não consigo mesmo! ________________ tentar novamente!
5. Ele é um adversário poderoso. Será que devemos ________________ ele?
6. Se você não a conhece bem, não deve ________ ________ ela.
7. Você ________________ a vida após a morte?
8. Ele disse que não vai almoçar porque não ________ comida chinesa.

3. Complete as sentenças abaixo com a PREPOSIÇÃO adequada. As preposições podem ser usadas mais de uma vez. Faça CONTRAÇÕES quando necessário.

1. Puxa vida! Seu irmão sempre implica ______ você.
2. Vamos ______ o cinema para assistir ______ filme brasileiro *Eu, tu e eles*.
3. Como sempre, Cristina não soube lidar ______ o problema de maneira satisfatória.
4. Saí tão cedo ______ casa, que cheguei muito cedo ______ trabalho.
5. Ontem cedo, eu estava com muita pressa e me esqueci ______ dar um recado importante ______ minha irmã.
6. Aqueles jovens ainda dependem ________ pais.
7. Há muito trabalho para fazer. Necessito ___ ajuda.
8. Prefiro peixe ______ carne. E você?

4. Explique a diferença de sentido nas duas orações abaixo.

a. *Preciso de* ajuda para prosseguir neste projeto.

____
____
____
____
____
____.

b. Não posso ***precisar*** o horário de sua partida.

____
____
____
____
____
____
____.

5. Complete as sentenças com as seguintes palavras, que devem ser usadas apenas uma vez. Use também as PREPOSIÇÕES adequadas a cada uma delas e faça CONTRAÇÕES e quaisquer outras modificações necessárias.

bom - dedicação - desapontado - descontente fanático - indiferente - paciência - satisfeito

1. Marisa está ________________ seu trabalho. Ela sempre demonstrou ________________ profissão e, no momento, não quer mudar de empresa.
2. Estamos ________________ a administração da empresa. Nada está dando certo.
3. Ficamos tão ________________ a notícia, que todos perceberam nossa tristeza!
4. Praticar exercícios é ________________ a saúde.
5. Muitos brasileiros são ________________ futebol, mas quase ________________ outros esportes.
6. Será que Marisa tem ________________ lidar com crianças? Eu sempre me achei meio nervosa.

6. A resenha do filme 'Vovó...Zona', cujo título em inglês é 'Big Momma's House' , apresentada abaixo, está fora de ordem. Coloque as sentenças em ordem, numerando-as.

a. (1) A comédia conta a história de uma dupla de agentes do FBI, Malcolm e John, destacada para prender um assassino.

b. (   ) A garota decide fugir do namorado e se esconde na casa da avó, uma enorme senhora negra.

c. (   ) A nova personalidade do policial dá início às confusões que pontuam o filme – desde o senhor que quer namorar a matriarca até a grávida que busca a ajuda da vovó na hora do parto.

d. (   ) Na tentativa de chegar ao criminoso, eles perseguem a namorada do bandido, Sherry, suspeita de cumplicidade.

e. (   ) A união dos truques de maquiagem com a interpretação do comediante (Martin Lawrence) garante momentos divertidos.

f. (   ) A vovozona sai de cena numa viagem de última hora e, para arrancar uma confissão da neta, Malcolm se disfarça e toma o lugar da velha.

(Fonte: texto adaptado da revista ***Época****, 12/06/00, p.139)*

7. Esta receita caipira vai deixar a sua festa junina mais gostosa.

CURAU

Você vai precisar de:

- 2 latas de milho verde;
- 3 xícaras de chá de leite;
- 1 colher de sopa de manteiga;
- 1 lata de leite condensado;
- canela em pó.

Modo de Fazer

(1) Bater o milho no liqüidificador com o leite. (2) Despejar numa panela e (3) juntar a manteiga. (4) Pôr a panela no fogo e (5) mexer até a mistura engrossar. Depois, (6) colocar o leite condensado e (7) misturar por mais 5 minutos. (8) Passar tudo para uma travessa e (9) polvilhar com um pouquinho de canela. (10) Deixar esfriar, antes de atacar!

a. Leia o Modo de Fazer e coloque todos os verbos sublinhados no IMPERATIVO.

1. *Bata*
2. ____________
3. ____________
4. ____________
5. ____________
6. ____________
7. ____________
8. ____________
9. ____________
10. ____________

b. Identifique a palavra que não pertence a cada item e classifique o grupo.

Exemplo: ***quilo - grama - colher de sopa - batedeira - colher de chá - xícara = unidades de medida***

1. travessa – panela – tigela – frigideira – colher – assadeira
____
2. liqüidificador – forno – batedeira – televisão – fogão
____
3. farinha - cravo – canela – pimenta – orégano – noz moscada
____
4. cru – cozido – assado – plantado - frito – congelado
____
5. cerveja – caipirinha – batida – pinga
____
6. beijinho – brigadeiro – pamonha – vatapá – quindim
____

8. De acordo com o valor calórico dos ingredientes abaixo, use os NUMERAIS do quadro, fazendo uma comparação aproximada entre eles para escrever a sua frase.

1. Queijo-de-minas (1 fatia/30g) = 45,9 calorias

Queijo Emmenthal (1 fatia/30) = 286 calorias

2. Queijo parmesão (1 fatia/30 g) = 117 calorias

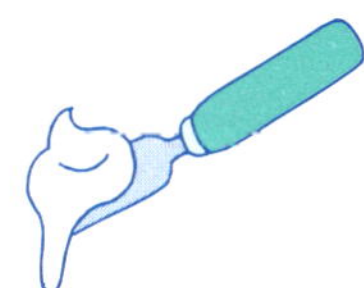
Requeijão cremoso (1 colher de sopa/15 g) = 34,7 calorias

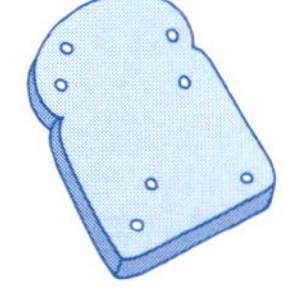
3. Pão integral (1 fatia/25 g) = 61,5 calorias

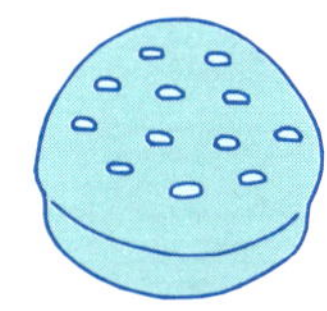
Pão de hambúrguer (1 unidade/45 g) = 129 calorias

4. Peito de peru defumado (50 g) = 46,5 calorias

Lingüiça calabresa (50 g) = 195 calorias

5. Coca-cola (250 ml) = 110 calorias

Água de coco (250 ml) = 51,5 calorias

(Fonte: texto adaptado da revista ***Cláudia Cozinha*** *– Edição Especial, nº 17)*

um quarto - um sexto - metade - dobro - triplo

Exemplo: ***1. O queijo-de-minas tem*** ***um sexto*** ***das calorias do Emmenthal.***

2. ______________________________
3. ______________________________
4. ______________________________
5. ______________________________

MAIS BRASIL

9. A. É conhecida como a Capital Gastronômica Mundial devido aos seus inúmeros restaurantes de comidas internacionais. Conserva, porém, especialidades próprias, com destaque para as empadinhas de Cananéia, o cuscuz e a capivara à caipira.

a. Belo Horizonte
b. Curitiba
c. São Paulo

9. B. A galinha ao molho pardo, a leitoa pururuca e o tutu de feijão com torresmo e couve picada. O feijão tropeiro, o frango com quiabo, o arroz-de-suã e a canjiquinha de milho verde com costela. É fundamental provar esses deliciosos pratos típicos:

a. de Minas Gerais
b. do Rio de Janeiro
c. de Salvador

10. Leia o resumo do filme brasileiro *Redentor* e responda às questões.

Redentor

O surpreendente drama *Redentor* merece fazer carreira nos cinemas. Estreante no longa-metragem, o diretor Cláudio Torres dá toques de humor surreal à trajetória do repórter Célio Rocha. Para ajudar os pais a recuperar um imóvel invadido por favelados, Célio aceita a proposta suja de um ex-amigo de infância. A partir daí, o espectador cai num turbilhão de reviravoltas fantásticas tendo como pano de fundo o abismo entre ricos e pobres no Rio de Janeiro.

(Fonte: www.vejinha.com.br)

1. O diretor Cláudio Torres já faz filmes de longa-metragem há muitos anos?

____

______________________________.

2. De acordo com o resumo acima, o espectador irá se envolver nas variadas cenas emocionantes que o filme propõe. Que frase mostra esta afirmação?

____

______________________________.

3. O que significa a expressão 'fazer carreira'?

____

______________________________.

4. O filme conta a trajetória do repórter Célio Rocha. Que características você atribuiria a ele?

____

______________________________.

11. **Alguns verbos, em determinadas situações e com significados específicos, são chamados de IMPESSOAIS e, normalmente, são usados na 3ª pessoa do singular. Escolha, nos diálogos abaixo, a alternativa correta em cada item.**

1. A: Como foi o debate ontem à noite?
   B: **Houveram / Houve** muitas discussões.

2. A: Fui à praia **fazem / faz** duas semanas.
   B: O tempo estava bom?
   A: Tanto no primeiro dia, como no segundo dia **estavam bons / estava bom**.

3. A: Que horas são agora?
   B: **São / É** meio dia e **meia / meio**.

4. A: Há quanto tempo você joga tênis?
   B: Já **fazem / faz** cinco anos.

5. A: Você se lembra do dia da inauguração da loja?
   B: Se não me engano, **eram / era** dia 15 de outubro.

MÃOS À OBRA!

Veja a lista de ingredientes abaixo e diga quais das instruções de preparo não dizem respeito a esta receita.

Frango defumado para os domingos

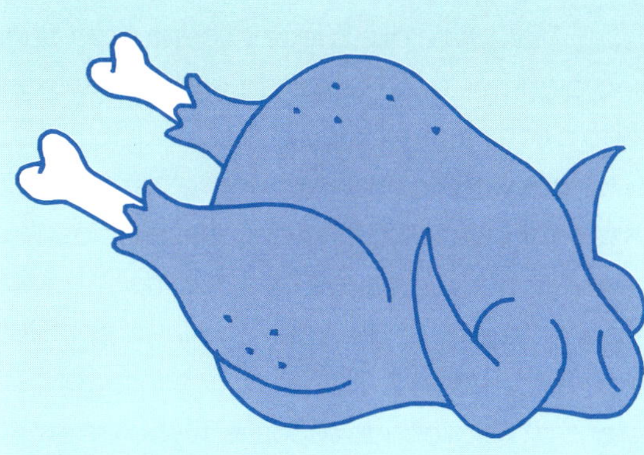

Rende de 6 a 8 porções

Ingredientes

- 1 frango defumado;
- 2 kg de batata;
- 1 litro de creme de leite;
- 1 xícara (chá) de salsa picada;
- 2 cebolas grandes picadas;
- 3 dentes de alho picados;
- 2 copos de vinho branco;
- 1 xícara (chá) de azeite;
- 1 colher (chá) de pimenta branca;
- 1 colher (chá) de alecrim;
- margarina para untar;
- 1 pacote (100 g) de queijo ralado;
- 300 g de mozarela ralada.

Preparo

1. Numa panela, aqueça a manteiga. Doure aí a cebola. Junte o salsão e a cenoura. Refogue bem até começar a murchar.
2. Refogue a cebola e o alho no azeite até dourarem. Junte o frango defumado desfiado, a salsa e 1 copo de vinho a esse refogado.
3. Cozinhe as batatas no outro copo de vinho e mais 2 copos de água com sal a gosto.
4. Bata no liquidificador o abacaxi, o creme de leite, o requeijão, o curry e o conhaque. Despeje essa mistura sobre o refogado de peito de peru sem osso e sem tempero com pele, deixe cozinhar por cerca de 10 minutos.
5. Depois de cozidas as batatas, esprema formando um purê. Junte o creme de leite, a pimenta branca e o alecrim.
6. Recoloque os escalopinhos* no molho, deixe ferver rapidamente, arrume-os numa travessa, cubra com o molho e polvilhe a cebolinha.
7. Unte um refratário com margarina, coloque o refogado de frango defumado, depois o purê de batatas e cubra com a mozarela.
8. Escorra a massa e envolva-a no molho bem quente. Polvilhe com o cheiro verde.
9. Leve ao forno médio (180°C) por cerca de 15 minutos para gratinar.

Tempo de preparo: 50 min.

* pequena fatia de filé, geralmente de vitela, preparada como bife ou à milanesa.

SAINDO DE CASA

REGÊNCIA VERBAL

REVISÃO

IMPERATIVO

PREPOSIÇÕES

VOZ PASSIVA

DISCURSO INDIRETO

1. Leia o texto abaixo e escolha o título adequado entre as alternativas do quadro. A palavra escolhida vai completar os espaços em branco do texto. Essa palavra será usada no texto no SINGULAR e no PLURAL.
Todos os acentos do texto foram retirados. Acentue as palavras adequadamente. Coloque também o til (~) e o trema (··) quando necessário.

Colinas - Estâncias - Fazendas Temperaturas - Mudanças - Cidades

Título: ______________________

As expectativas do homem moderno, que tem seu *habitat* nas grandes cidades, voltam-se – cada vez mais – para a natureza, com a qual identifica o lazer, a recuperaçao e a alegria. No Brasil, descobre-se que as (1.) ______________ climaticas são uma fonte de prazer 365 dias por ano. Os movimentos naturalistas, o medo dos remedios e a fuga da poluiçao trazem de volta as aguas hidrominerais. Se e verdade que os melhores remedios da natureza sao o sol e a agua – desde que usados adequadamente – uma (2.) ______________ hidromineral e a receita certa para qualquer pessoa. Essas sao algumas das causas da revitalizaçao dos serviços termais em todo o Pais. As (3.) ______________ tambem sao procuradas pelos mais jovens que começam a curtir a vida saudavel junto as montanhas, matas, rios encachoeirados. Seja num fim-de-semana, em sete dias ou numa temporada maior, havera sempre o que fazer e como divertir-se. Ha cidades movimentadas, outras quase exclusivas, algumas oferecem vida noturna, outras a oportunidade de passar o dia praticando esportes. Os hoteis, muito bem aparelhados, possuem saudaveis programas de lazer para crianças. Enquanto isso, os pais podem, com tranquilidade, vivenciar os beneficios desses verdadeiros *spas* e *resorts*. Produtoras de queijo, licores, doces, malhas, porcelanas, flores e frutas, algumas (4.) ______________ possuem uma infra-estrutura hoteleira e de serviços capaz de realizar grandes eventos e convençoes em qualquer epoca do ano.

2. Prepare sua mala para fazer uma viagem pelo Brasil, em suas férias de verão. Você pretende acampar, pescar e nadar. Você vai levar todos os itens abaixo relacionados, mas, para isso, precisa justificar o uso de cada item. Veja os exemplos:

Exemplo: *Vou levar os mapas para não ficar aflito se eu me perder.*
Vou levar meu saco de dormir, caso eu não encontre um bom lugar para montar minha barraca.

1. maiô 2. protetor solar 3. mapas 4. saco de dormir
5. bastante dinheiro 6. barraca 7. filmadora
8. toalha 9. dicionário 10. mochila 11. vara

1. ________________________________.
2. ________________________________.
3. ________________________________.
4. ________________________________.
5. ________________________________.
6. ________________________________.
7. ________________________________.
8. ________________________________.
9. ________________________________.
10. ________________________________.
11. ________________________________.

3. Helena e Telma estão fazendo as malas e se preparando para ir a Salvador em pleno verão. Complete o diálogo entre as duas. Use as palavras do quadro abaixo.

biquíni (2) - protetor solar - canga
cadeiras - esteira - bóia
guarda-sol - bronzeador - maiô

Helena: Estou louca para poder ir à praia amanhã.

Vânia: Acho melhor tomarmos muito cuidado, o sol lá é muito forte e nós estamos muito brancas.

H: Nada que um bom (1) ______________ não resolva. Tenho um com fator 30! Se estivesse bronzeada, poderia usar um (2) ______________, mas, como não vou à praia há muito tempo, o jeito é me proteger do sol.

V: Ontem fui ao shopping e comprei um (3) ______________ novo. Não comprei um (4) ______________ porque, como estou um pouco gordinha, não quero mostrar minha barriga. Preciso emagrecer!

H: Eu fiz um sacrifício danado, mas fechei a boca e emagreci. Para comemorar, comprei um (5) ______________ e uma (6) ______________ combinando. Será que em Salvador é fácil alugar (7) ______________? Não suporto me deitar na (8) ______________, pois acabo sempre me sujando de areia: fico parecendo uma turista à milanesa!

V: Acredito que consigamos alugar lá as mesmas coisas que alugamos aqui. Já que estamos indo para Salvador, não precisaremos de guarda-chuva. Em compensação o (9) ______________ é indispensável para fazer um pouco de sombra e amenizar os efeitos do sol.

H: E a (10) ______________, você não vai levar?

V: Engraçadinha! Aprendi a nadar no ano passado. Bem, só falta chegarmos lá.

H: Não vejo a hora de partir!

4. Gilda está convidando sua amiga Sofia para ir ao cinema. Complete o diálogo.

Gilda: Que tal um cineminha neste fim de semana?

Sofia: ______________________________.

G: Estava pensando em ver o *Auto da Compadecida*.

S: ______________________________?

G: No shopping, perto daqui.

S: ______________________________?

G: Selton Mello, Fernanda Montenegro, Diogo Vilela e

Matheus Nachtergaele.

S: ______________________________?

G: Às 18h, 20h e 22h.

S: ______________________________.

G: Tá certo, espero você aqui.

S: ______________________________?

G: Tchau.

5. Você estava a caminho da praia, na Rodovia Ayrton Sena, quando um policial pediu que você parasse o carro. Além de um sermão, ele lhe deu umas sete multas. Quais foram os motivos para tantas multas? Use as palavras entre parênteses para escrever o que o guarda lhe disse.

O policial me disse...

Exemplo: ***1. (placa) ...*****<u>*que a placa do veículo estava coberta de barro, e não era possível identificá-la*</u>*.***

2. (velocidade) ______________________________.

3. (pneus) ______________________________.

4. (cintos de segurança traseiros) ______________________________.

5. (exame médico/carteira de motorista) ______________________________.

6. (lanterna dianteira) ______________________________.

6. Forme frases, ordenando as palavras e usando os verbos no IMPERATIVO, e você terá algumas dicas para uma vida feliz.

Exemplo: ***um/cumprimentar/as/sorriso/pessoas/com***
<u>Cumprimente as pessoas com um sorriso</u>.

1. das / nome / memorizar / o / pessoas
______________________________.
2. e / autêntica / uma / transparente / pessoa / ser
______________________________.
3. ler / filmes / bons / e / livros / assistir a / bons
______________________________.
4. dos / canto / ouvir / o / pássaros
______________________________.
5. dos / lembrar-se / amigos / dos / aniversários
______________________________.
6. as / brincar / crianças / com
______________________________.
7. *hobby* /ter / um
______________________________.
8. nas / especiais / surpresas / fazer / datas
______________________________.
9. abraço / um / dar / carinhoso
______________________________.

7. Em cada item, circule a alternativa correta. A alternativa 'x' significa que não há necessidade de colocar preposição. Cuidado com o significado dos verbos.

1. Teresa foi presa porque implicou-se (em / com) negócios ilícitos.
2. Veiga sucedeu (x / a) Franco, no cargo de presidente da entidade.
3. Patrícia namora (x / com) Roberto há 3 anos.
4. Quem não aspira (x / a) um futuro melhor? Todos trabalham para isso.
5. Temos o dever de assistir (a / x) as pessoas mais necessitadas.
6. Elias não pára de espirrar! Acho que aspirou (x / a) o pó que a empregada levantou fazendo a faxina.
7. A peça não agradou (x / a) ninguém. Não só os atores eram péssimos, como o cenário estava horrível.
8. Parece que a professora não gosta da Cristina . Vive implicando (x / com) ela.
9. A diretoria informou (x / a) os funcionários (de / por) um aumento de 10% no salário, a partir de junho.
10. Quero muito (x / a) minha família, mas também quero (x / a) o dinheiro do prêmio para poder sustentá-la.

8. Preencha o diálogo com os VERBOS do quadro abaixo. Caso necessário, inclua a preposição adequada.

ajudar - começar - recomendar - achar - simpatizar
encaminhar - reclamar - desconfiar - telefonar - precisar

A: Você já conhece minha nova empregada?

B: Sim, eu a conheci ontem.

A: O que você (1.) ____________ela?

B: Para ser sincera, não (2.) ______________ muito ______ ela, não... Ela foi (3.) ________________ alguém?

A: Na verdade, foi (4.) ____________________ uma agência de empregos temporários. Eles me garantiram que ela é de confiança.

B: Seria bom você (5.) ________________os empregos anteriores e pedir referências. Nunca se sabe...

A: Lá em casa ninguém (6.) ________________ ela até agora. E, não gosto de ficar (7.) ___________as pessoas, mas... acho que vou fazer o que você está me sugerindo.

B: É melhor prevenir do que remediar, não é mesmo?

A: Espero que sua desconfiança não tenha fundamento, pois estou realmente (8.) ______________ uma empregada, que me (9.) ________________ trabalhos domésticos, principalmente agora que vou (10.) _________________ trabalhar fora...

B: Espero que dê tudo certo!

9. a. Reescreva as frases em itálico, usando a VOZ PASSIVA. Veja o exemplo.

Exemplo: ***Voz ativa:*** ***Nas décadas de 1940 e 1950, o turismo termal atraía a elite econômica.***

Voz passiva: ***A elite econômica era atraída pelo turismo termal nas décadas de 1940 e 1950.***

O Circuito da Águas

Nas décadas de 1940 e 1950, o turismo termal atraía a elite econômica. Nessa época os balneários de São Paulo e Minas Gerais floresceram: *construíram grandes hotéis, alguns com luxuosos cassinos,* e essas cidades eram exemplos de urbanização. *Você confere muito desse passado* em locais como Lindóia, Águas de São Pedro, Poços de Caldas e Caxambu.

As fontes começaram a ganhar fama internacional no início do século 20, com o interesse de pesquisadores de outros países, como a cientista francesa Marie Curie, que atestaram seus benefícios. Hoje, em muitos balneários, *médicos indicam o tipo de água mais adequado para cada problema.* Em 1969, um fato marcou a história de Lindóia: *cem dúzias de garrafas com sua água, para beber, embarcaram para a Lua a bordo da Apolo 11.*

(Fonte: Guia Fuja no fim de semana - Nova edição - Publifolha)

b. Leia novamente o texto e responda:

1. Por que as cidades de Lindóia, Águas de São Pedro, Poços de Caldas e Caxambu ganharam fama internacional? A partir de quando?

____

____.

2. Que fato histórico marcou a cidade de Lindóia?

____

____.

3. Quando surgiu o turismo termal, atualmente conhecido como Circuito da Águas?

____

____.

4. Que benefícios as fontes termais trouxeram para a população local?

____

____.

10. Reescreva as orações abaixo usando as PREPOSIÇÕES adequadas e fazendo CONTRAÇÕES quando necessário.

a - de - em - entre - por

1. Fui o cinema depois levar meu filho escola.

____

______________________________.

2. Passei o Parque o Ibirapuera pé e, quando cheguei casa, estava muito cansada.

____

______________________________.

3. Quando eu era criança, os aparelhos TV não eram cores.

____

______________________________.

4. Os turistas foram estádio do Maracanã e gostaram muito o jogo.

____

____

______________________________.

5. A casa que ele mora fica dois prédios enormes!

____

____

______________________________!

MÃOS À OBRA!

1. a. Leia o texto abaixo e encontre um sinônimo ou descreva as palavras em negrito.

MULHER DE RAÇA

Pelo menos quatro vezes ao ano, a **brasiliense** Bárbara Bonfim, 21, passa por uma transformação. Ela deixa a tranqüilidade de Brasília e se **embrenha** na selva – às vezes no Brasil, às vezes em outro país distante. A **sandália plataforma** que usa no dia-a-dia de estudante de engenharia florestal é substituída por tênis ultratecnológicos. Tudo isso acompanhada de três **marmanjos** com quem ela grita o tempo todo. (...) A vontade de superar limites transforma a brasiliense num *furacão*. É com esse espírito que ela enfrenta as provas de ***bike***, ***trekking***, canoagem e *rapel* até cruzar a linha de chegada.

(Fonte: Revista Gol, agosto 2004)

b. As CONTRAÇÕES das frases abaixo foram suprimidas. Reescreva as frases fazendo a contração das palavras em negrito.

1. As provas mais estafantes são as de longa duração, em que as equipes percorrem até 950 km **em o** meio do mato.

____

2. Bárbara se sai melhor justamente **em as** provas mais difíceis.

____

3. **Em as** provas curtas a força conta mais **de o** que a resistência e o preparo psicológico.

____

4. Mas **em as** competições longas, onde a resistência e o equilíbrio emocional são essenciais, é diferente.

____

5. Fazer trilha era o seu programa preferido **em a** adolescência.

____

6. **Em uma** delas conheceu Guilherme, hoje seu companheiro de time.

____

7. **Em uns** fins de semana, é comum ver o jipe de Guilherme **em a** Chapada dos Veadeiros.

____

JOGOS DOS POVOS INDÍGENAS

Os Jogos dos Povos Indígenas estão entre as mais importantes manifestações culturais do Brasil. A cada ano o evento se transforma em uma grande celebração de paz, que traduz a harmonia e o equilíbrio das sociedades tribais. Além dessa confraternização pacífica, os Jogos têm por finalidade a integração dos povos indígenas, o incentivo, a valorização e o fortalecimento da prática de esportes tradicionais. Nas competições, prevalece a comemoração, pois isso o evento traz o lema: "o importante não é competir, mas sim celebrar". Entre as modalidades estão: arco e flecha, canoagem, corrida de tora, cabo de guerra, e futebol.

O futebol já faz parte do contexto cultural de vários grupos indígenas, sendo unânime a participação de todas as etnias e de atletas de ambos os sexos. A modalidade é disputada de acordo com as regras da Instrução Geral dos Jogos, obedecendo o padrão da Confederação Brasileira de Futebol. A exceção é o tempo de jogo – cada partida dura 50 minutos, divididos em dois tempos de 25 minutos cada, com intervalo de 10 minutos.

(Fonte: http://www.esporte.gov.br/jogos_indigenas/modalidades.asp)

1. Retire do texto palavras que completem o quadro abaixo.

SUBSTANTIVOS	ADJETIVOS	PREPOSIÇÕES	ARTIGOS
futebol	*cultural*	*em*	*as*

MAIS BRASIL

10. A. É um marco da arquitetura moderna, que lhe valeu o título de Patrimônio Cultural da Humanidade. Destacam-se o conjunto formado pela Praça dos Três Poderes (Palácio do Planalto, Congresso e Supremo Tribunal Federal) e pela Esplanada dos Ministérios, onde ficam o Palácio do Itamaraty e a Catedral Metropolitana.

a. São Paulo

b. Brasília

c. Goiânia

2. No e-mail enviado por Ana a Elisa, faltam algumas PREPOSIÇÕES. Complete o texto e faça CONTRAÇÕES, caso necessário.

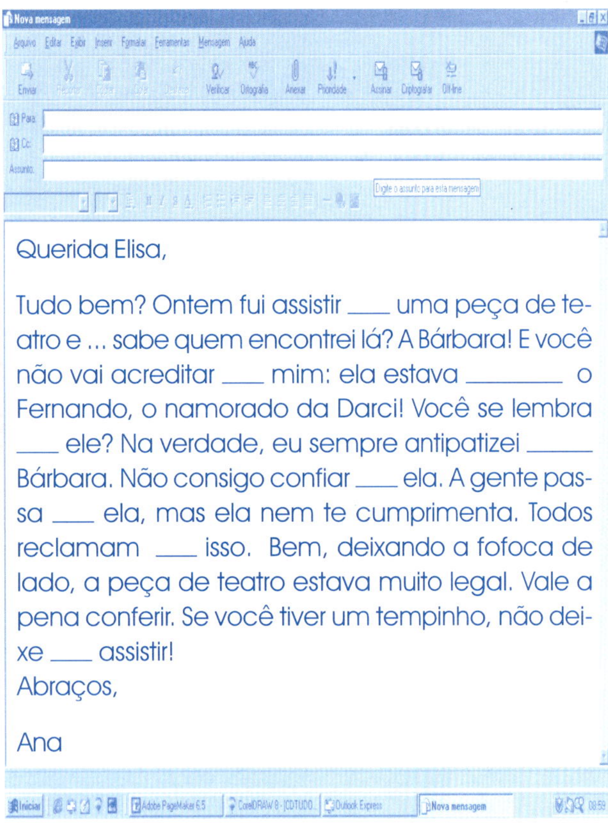

Querida Elisa,

Tudo bem? Ontem fui assistir ___ uma peça de teatro e ... sabe quem encontrei lá? A Bárbara! E você não vai acreditar ___ mim: ela estava ______ o Fernando, o namorado da Darci! Você se lembra ___ ele? Na verdade, eu sempre antipatizei _____ Bárbara. Não consigo confiar ___ ela. A gente passa ___ ela, mas ela nem te cumprimenta. Todos reclamam ___ isso. Bem, deixando a fofoca de lado, a peça de teatro estava muito legal. Vale a pena conferir. Se você tiver um tempinho, não deixe ___ assistir!
Abraços,

Ana

3. Ser ou estar? Complete os diálogos com os verbos ser ou estar na forma adequada.

1. A: Nossa, Ana! O que houve?
   B: Acho que ______ com gripe.
   A: Eu também fiquei ruim a semana passada. Mas hoje já ______ bem melhor. Você acha que dá pra pegar um cineminha mais tarde?
   B: Hoje não. ______ sem vontade.

2. A: Quem ______ aquele senhor que acabou de sair da sala?
   B: Ele e o senhor Rubens ______ os novos gerentes da área.
   A: Mas e o senhor Villela?
   B: Ele ______ transferido. Agora ______ na filial de Brasília.
   A: E o pessoal ______ satisfeito com a mudança?
   B: Alguns ______ . Mas a maioria não pois eles ______ muito acostumados com o jeito do senhor Villela.
   A: Bem, tomara que os novos gerentes ______ tão competentes quanto o senhor Villela.

4. Em entrevista à revista *Época* em abril de 2004, Dom Paulo Evaristo Arns, arcebispo de São Paulo, conta como virou corintiano.

Época: Por que o senhor resolveu voltar a assumir a paixão pelo Corinthians?

Dom Paulo: A paixão corintiana é dada pela própria natureza e pela experiência que tive com o povo. Durante uma década, de 1955 a 1966, pude cuidar de sete favelas em Petrópolis, no Rio de Janeiro, nas quais subia três vezes por semana. Lá eu passava a manhã inteira e uma parte da tarde. Tive tanto amor àquele povo, a quem eu ajudava a ter escola – não havia nenhuma criança que não fosse à escola –, postos de saúde, moradia com água corrente. Esse povo se agarrou a mim e eu me agarrei a ele. Nunca fui tão feliz. Quando saí de lá, celebrei a missa com 50 padres, toda cantada em latim, e o povo, de todas as raças, cantou junto, com muita alegria. E com muita tristeza também, porque eu ia embora para sempre. Eles sabiam que eu tinha sido nomeado bispo pelo papa e os deixava para vir a São Paulo.

Época: O Corinthians é uma espécie de símbolo de povo?

Dom Paulo: Sim. Símbolo de povo. Como o Flamengo, do Rio, era o símbolo do povo de Petrópolis. Cada vez que o Flamengo fazia um gol, eles tomavam um gole. E cada vez que levava um gol, tomavam dois goles – para se vingar. Eu ficava cuidando do povo. Éramos uma família. Eu era o pai de todo o mundo. As mães me chamavam para pôr ordem em sua família e trazer o pai para casa, quando ele já tinha bebido demais.

Responda: Em seu país de origem, existe algum esporte que seja considerado o mais popular? Quais os times ou os atletas mais conhecidos? Você conhece alguma figura pública famosa que torça declaradamente por algum desses times?

5. No desenho abaixo temos uma das possíveis escalações de jogadores de futebol. Nomeie as posições dos jogadores correspondentes aos números.

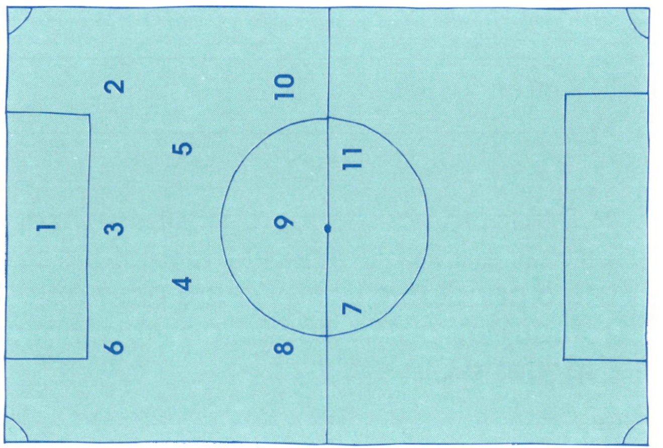

1. ______
2. ______
3. ______
4. ______
5. ______
6. ______
7. ______
8. ______
9. ______
10. ______
11. ______

6. Complete os períodos com as informações do quadro, usando os verbos na forma adequada.

ler a carta - estudar - comprar
vir mais cedo - ser esperto - ir de metrô- ficar sem energia

Exemplo: ***Se você lesse a carta,***	***entenderia a situação.***
1. Se eu tivesse pago a conta,	
2. Não teríamos encontrado a casa vazia	
3.	logo aprenderemos o Português.
4. Daria para entrar na sessão das seis	
5.	não teria enfrentado o trânsito de ontem.
6.	ganhariam bastante dinheiro.

7. O que você NUNCA faria nas situações abaixo?

Exemplo: ***caso seu chefe chamasse sua atenção na presença de outras pessoas.***
Eu não discutiria no momento. Esperaria até que estivéssemos sozinhos.

1. Se seu cão tivesse mordido o filho de seu vizinho.
______
______.

2. Se seu marido/sua esposa tivesse esquecido de seu aniversário.
______
______.

3. Se seu melhor amigo tivesse lhe passado a perna nos negócios.
______
______.

4. Se seu filho tivesse sido expulso do colégio por mau comportamento.
______
______.

8. Marcelo está procurando emprego como assistente de esportes na Academia Esportes e Cia. Leia a entrevista entre ele e Patrícia, a Diretora de Esportes.

Patrícia: Entre e fique à vontade, Marcelo
Marcelo: Obrigado.
P: Qual a sua idade, peso e altura?
M: ____________________
P: Grau de instrução?
M: ____________________
P: Pratica algum esporte?
M: ____________________
P: Há quanto tempo?
M: ____________________
P: Em que esportes já disputou algum tipo de competição?
M: ____________________
P: Conquistou algum título esportivo?
M: ____________________
____
P: Descreva seus hábitos alimentares.
M: ____________________
____
____
P: Você fuma ou toma bebidas alcoólicas?
M: ____________________
P: Com quais esportes você já teve experiência?
M: ____________________
____
P: Puxa, você é bem versátil!?
M: ____________________

9. De acordo com suas respostas no exercício 8, elabore um pequeno relatório sobre o candidato entrevistado para apresentar aos outros sócios da Academia Esportes e Cia.

____
____
____
____
____
____
____
____
____
____

MAIS BRASIL

10. B. Segundo o Índice de Desenvolvimento Humano da ONU, criado para medir a qualidade de vida de cidades do mundo inteiro, foi considerada a capital brasileira mais saudável e gostosa de se viver.

a. Florianópolis

b. Fortaleza

c. Recife

10. Assinale no quadro a qual ou quais esportes se referem as seguintes palavras.

Palavra	Futebol	Tênis	Natação	Atletismo	Vôlei	Basquete
Exemplo: ***saque***		X			X	
1. maratona						
2. mergulho						
3. cesta						

Palavra	Futebol	Tênis	Natação	Atletismo	Vôlei	Basquete
4. ace						
5. pênalti						
6. salto em altura						
7. cortada						
8. centroavante						
9. manchete						
10. cartão amarelo						
11. golfinho						
12. voleio						
13. tabela						

MÃOS À OBRA!

1. a. No seu país, também é costumeiro presentear os amigos com Cestas de Natal? Caso não seja um costume do seu país, imagine que seja. Veja a descrição de três tipos de cestas e adapte os ingredientes ao que seria uma 'cesta' típica do seu país. Explique o porquê de tirar ou acrescentar este ou aquele ingrediente.

Cesta de Natal 1

1 pacote de ameixas secas chilenas
1 pacote de azeitonas verdes
1 pacote de balas recheadas com chocolate
1 caixa de biscoito wafer
1 caixa de biscoito ao leite
1 pacote de farofa temperada salgada
1 caixa de gelatina em pó
1 pote de goiabada
1 caixa de panettone
1 garrafa de sidra
1 torrone
1 pacote de uvas passas sem sementes
1 garrafa de vinho branco

Cesta de Natal 2

1 lata de atum grated equatoriano em óleo
1 vidro de azeite de oliva espanhol
1 pacote de azeitonas pretas
1 pacote de balas recheadas de chocolate com menta
1 caixa de biscoito champagne
1 caixa de bombons
1 pacote de castanha de caju
1 pacote de castanha do Pará com casca
1 vidro de geléia de pêssego
1 pacote de nozes chilenas
1 caixa decorada de panettone
1 pacote de pão de mel
1 lata de patê de presunto
1 suco de maracujá
1 garrafa de vinho tipo alemão

Cesta de Natal 3

1 pacote de biscoito aperitivo
1 caixa de creme de leite
1 lata de ervilhas em conserva
1 pacote de lentilhas canadenses
1 pote de maionese com tempero de azeitona verde
1 pacote para manjar branco com coco (em pó)
1 garrafa de champagne
1 lata de marmelada
1 pacote de milho para pipocas
1 pacote de frutas cristalizadas
1 pacote de avelãs
1 pacote de figos secos
1 lata de presunto cru italiano
1 tender
1 peru defumado

b. Qual cesta você escolheria? Por quê?

____
____
____
____
____
____

O BRASIL PELA ARTE

Nossos primeiros artistas

Carlos Moraes

Os índios foram nossos primeiros e bons artistas. Mas nunca se ouviu falar de uma galeria de arte em suas aldeias, nem de índio que assinasse um cocar mais radiante ou uma flecha mais bem torneada. Por quê?

Porque para os índios, explica o grande sertanista Orlando Villas-Bôas, a beleza é uma coisa natural: simplesmente faz parte. Índio não tem, como nós, o sentido de espanto perante o belo. Diante da mais imponente cachoeira, seu comentário, pode ser apenas: pois é difícil de atravessar.

Os índios não fazem arte, vivem nela. Mais: é através dela que se definem e se comunicam – uns com os outros e com Deus. Arte, para eles, é identidade. Aponta um lugar na tribo. Um simples enfeite ou pintura corporal pode indicar sexo, clã, estado civil, cargo ou prestígio.

Nada é gratuito na arte indígena. Índio tem outro sentido do tempo, é paciente, perfeccionista e, na simples confecção de um cesto, arma ou panela, vale-se de uma sabedoria milenar, quase um ritual que vai da coleta da matéria-prima à obtenção dos diferentes pigmentos. Uma vez pronto, cada objeto ganha uma alma própria, passa a ser uma entidade.

Os índios são observadores agudos, mas sua arte é estacionária, pode-se dizer conservadora. Falta de imaginação? Não parece. Picasso dizia que não pesquisava, encontrava. Vai ver que os índios também não mudam porque simplesmente acharam o que os expressa.

(Fonte: texto adaptado de ***ÍCARO Brasil,*** *outubro/2000)*

1. Encontre no texto as palavras que completam o quadro abaixo.

PALAVRA	DEFINIÇÃO
1.	grupo de famílias que são ou se presumem descendentes de ancestrais comuns.
2.	estabelecimento que expõe e/ou vende obras de arte.
3.	grande conhecedor do sertão e dos hábitos sertanejos.
4.	culto, cerimonial
5.	a substância bruta principal e essencial com que se faz alguma coisa.

2. **Forme frases com as palavras abaixo, colocando os ARTIGOS DEFINIDOS ou INDEFINIDOS.**

uns - umas - um uma - a - o - os - as

1. champagne ______
2. óculos ______
3. gramas (unidade de massa) ______
4. telefone ______
5. músicas ______
6. viagem ______
7. reuniões ______
8. leite ______
9. celular (aparelho de telefone) ______
10. proposta ______
11. horas extras ______
12. assuntos importantes ______

3. **Complete o diálogo abaixo com alguns dos PRONOMES POSSESSIVOS do quadro, lembrando-se de que alguns poderão ser empregados mais de uma vez, e outros não serão empregados.**

meu - minha - meus - minhas - seu sua - seus - suas - dele - dela - deles delas - nosso - nossa - nossos - nossas

A: Por favor, faça (1) ______ reservas para Cancun na última sexta-feira do mês de março.

B: (2) ______ esposa vai também?

A: Vai, mas nem (3) ______ filhos nem (4) ______ filha irão; eles não conseguiram tirar férias do trabalho (5) ______. É uma pena que eles não possam ir conosco, pois essas férias serão as (6) ______ primeiras sem os (7) ______ filhos.

B: Falando de sua esposa, o passaporte (8) ______ está em ordem? E o (9) ______ já foi renovado?

A: O (10) ______ está ok, e o (11) ______ vou verificar.

B: André, o seu filho Sérgio ligou pedindo para o senhor não esquecer daquele depósito na conta dele.

A: Ah! sim, deposite este cheque na conta (12) ______. (13) ______ filho sempre pede as coisas em cima da hora.

4. **Complete o texto com os verbos do quadro abaixo nos TEMPOS COMPOSTOS adequados.**

assistir - decidir - divertir - estudar - exagerar fazer - nadar - perguntar - estudar - ter - valer - viajar

Aos nove anos de idade, já (1) ______; estudar era tudo o que eu queria. É verdade que muitas vezes (2) ______. Estudo noite e dia. Meu pai até diz: "Meu filho, quando (3) ______ o suficiente, pare!" É o que eu (4) ______. (5) Hoje em dia, ______ bastante também. (6) ______ para fortalecer meus músculos. (7) ______ a quase todos os filmes da temporada. Além disso, faço as malas e (8) ______ sempre que possível. Ocasionalmente, (9) ______. (10) "______ a pena toda essa dedicação aos estudos?" A resposta, no entanto, é clara: a vida não (11) ______ tanto sentido para mim, se eu não (12) ______ tanto e aprendido tudo o que hoje sei.

5. **Leia cada uma das EXPRESSÕES abaixo e procure na coluna da direita uma palavra ou uma frase que explique a situação.**

1. Haja o que houver, acredite em mim. ( )
2. Aconteça o que acontecer, sempre estaremos juntos. ( )
3. Seja quem for, diga que não estou. ( )
4. Diga o que disserem, não me importarei. ( )
5. Esteja onde estiver, eu o encontrarei. ( )
6. Doa a quem doer, a verdade será dita. ( )
7. O troféu será meu, custe o que custar. ( )

a. Evitando as pessoas
b. Ambição
c. Ter esperança
d. Confiança
e. Sem receio de mostrar franqueza
f. Fidelidade
g. Não ligar para os comentários dos outros

6. Complete o diálogo abaixo com as perguntas adequadas ao contexto.

Mark: Eduardo? Tudo bem?

Eduardo: Oi, Mark!! Quanto tempo! Tudo bem com você? Esta é minha namorada Cibele. (À Cibele:) Mark trabalhou comigo há dois anos quando eu dava aulas de inglês numa escola de idiomas.

Cibele: É mesmo? (1) ______________________________, Mark?

M: Sou inglês, de Londres.

E: Puxa, (2) ______________________________, Mark?

M: Faz quase três anos. Vim para cá, a primeira vez, no início de 1998.

C: E (3) ______________________________? Passear?

M: Bem, vim ao Brasil para trabalhar e também para me casar!

C: Como assim? Você (4) ______________________________?

M: Eu me casei no Brasil em 1999. Mas conheci minha esposa na Inglaterra há três anos, quando ela estava estudando e trabalhando em Londres. Começamos a namorar e, quando ela precisou voltar ao Brasil, decidi largar tudo por lá e tentar a sorte por aqui.

C: Incrível! E (5) ______________________________ naquela época para sobreviver?

M: Dava muitas e muitas aulas de inglês. Por mais de um ano, eu e Tatiana economizamos dinheiro para nos casarmos. No final de 1999, voltei à Inglaterra porque havia terminado meu prazo de permanência no Brasil. Tatiana ficou no Brasil, trabalhando, providenciando tudo para o casamento. Retornei em fevereiro e nos casamos em março.

E: Mas, (6) ______________________________ ultimamente? Continua dando aulas?

M: Bom, faz algum tempo, parei de dar aulas porque consegui abrir um pequeno negócio. Prefiro trabalhar por minha conta.

C: E quanto à sua família? (7) ______________________________?

M: Não os vejo desde meu casamento, no ano passado. Não somos muito apegados como Tatiana e sua família. Sempre moramos em cidades diferentes. Meu irmão mora em Liverpool e minha irmã, atualmente, está morando na Argentina.

E: (8) ______________________________?

M: Pretendemos ir à Inglaterra neste final de ano. Tatiana vai tirar férias e vamos passar um mês por lá.

C: Você fala muito bem o português! (9) ______________________________?

M: Tive aulas particulares com quem? alguns meses. Além disso, se você quer viver num país, precisa se esforçar para aprender o idioma. Logo que cheguei, não conseguia entender nada, nem a família de Tatiana, com quem moramos por quase um ano antes do casamento.

E: Mas (10) ______________________________?

M: Não! Santo de casa não faz milagre, como vocês dizem. Com Tatiana sempre falo em inglês. Aprendi mesmo com as aulas particulares, estudando muito e FALANDO! Vou dar meu telefone, quero também o de vocês pra gente combinar de sair. Ou vocês irem à nossa casa...

E: Claro! Vai ser ótimo! (11) ______________________________?

M: Num apartamento pequeno, mas muito gostoso, perto da Vila Mariana. Aqui está meu telefone. Bom, preciso ir andando agora. Tenho que trabalhar muito até dezembro para poder passar um mês na minha terra.

C: Gostei muito de te conhecer Mark! Até mais!

E: Vou ligar pra vocês! Tchau! Lembranças à Tatiana!

7. Complete as situações abaixo com as palavras adequadas.

animal - burro - cobra - coruja - lesma
palito - pedra - peixe - porco - vara-verde

1. Não sei como você agüenta seu chefe. Sempre de cara amarrada, respondendo mal. Que cara grosso! Um verdadeiro ______________!
2. Marisa está sempre elogiando os filhos e exaltando suas qualidades. Uma mãe ______________ de verdade, não é?
3. Não gostei nem um pouco do trabalho daquele pintor. Não deu um bom acabamento nas paredes e nas portas, deixou o chão todo sujo e respingado de tinta, os batentes manchados de outra cor... Um servicinho ______________ mesmo!

4. Ele parece ____________________! A professora explicou a mesma coisa mais de cem vezes e ele continua não entendendo nada!
5. A mãe do nadador que conseguiu a medalha de ouro em Sidney declarou aos jornalistas que o filho, desde muito pequeno, nada como um ____________________.
6. Acho que você deveria tomar mais cuidado com Joana. Todos acham que ela é traiçoeira como uma ____________________.
7. Alberto não me parece a pessoa indicada para esta função, que exige muita rapidez. Ele é mole demais: uma ____________________!
8. Que grande susto levaram Alice e Paula! Foram abordadas na rua por uns trombadinhas. Não aconteceu nada, mas elas chegaram em casa tremendo como ____________________!
9. Tão magro era o João, que, quando estava de lado, parecia que já tinha ido embora!!!! Era magro como um ____________________!
10. Não dá pra comer este bolo! O que você colocou na receita?! Está duro como uma __________!!!

8. O FOLCLORE BRASILEIRO - Escreva perguntas para as seguintes respostas.

1. ____?

Os personagens são Dona Benta, Tia Anastácia, Narizinho, Pedrinho, etc.

2. ____
____?

Chama-se Saci-Pererê.

3. ____?

Ele faz travessuras como entrar na casa pelo buraco da fechadura, para apagar o fogo de fogões e lamparinas.

4. ____?

O personagem, cujo papel é semelhante ao da sereia, é o boto.

5. ____?

Diz a lenda que uma linda moça decidiu viver com a Lua e passou a perseguir o satélite da Terra, até que viu a imagem do seu objeto de desejo refletida em um rio. Atirou-se e nunca retornou.

9. Relacione os provérbios aos significados correspondentes.

1. A união faz a força. ( )
2. Errando é que se aprende. ( )
3. A pressa é inimiga da perfeição. ( )
4. Antes tarde do que nunca. ( )
5. Colocar os pingos nos is. ( )
6. Gosto não se discute. ( )
7. Não adianta chorar o leite derramado. ( )
8. É melhor prevenir do que remediar. ( )
9. A galinha do vizinho é sempre mais gorda. ( )
10. A esperança é a última que morre. ( )

a. Não se deve obrigar o outro a gostar das mesmas coisas.
b. Os invejosos cobiçam tudo o que é alheio.
c. Nunca se deve perder a esperança.
d. Um grupo tem mais poder do que um indivíduo sozinho.
e. O que está feito, já está feito. Não adianta se arrepender.
f. Se você não faz nada porque tem medo de errar, não progride.
g. Se quiser fazer algo bem feito, faça com calma e paciência.
h. Mesmo tarde, é melhor fazer do que ficar sem fazer.
i. É mais fácil evitar os erros do que consertá-los.
j. Vamos esclarecer e colocar as coisas no seu devido lugar.

MÃOS À OBRA!

Ordene as frases do texto abaixo.

Saci Pererê

(Fonte: www.brasilfolclore.hpg.ig.com.br/saci.htm)

( ) Características:

1. Não se tem muito conhecimento sobre a origem da atual aparência do Saci, sabe-se que é representado como sendo um negrinho de uma perna só, com uma carapuça vermelha, que fuma cachimbo.
2. Seu principal divertimento é atrapalhar as pessoas que se perdem.
3. A maneira para espantar o Saci é chamando-o pelo seu nome.

( ) A função desta divindade era o controle, a sabedoria e manuseio de tudo que estava relacionado às plantas Medicinais, como Guardião das sabedorias e técnicas de preparo e uso de chás, concentrados e outros medicamentos feitos a partir de plantas.

( ) Como sua qualidade era a Farmacopéia, também era atribuído a ele o domínio das matas onde guardava as ervas sagradas, e costumava confundir as pessoas que não pediam a ele a autorização para a coleta destas ervas.

( ) O mito do Saci é um dos mais difundidos no Brasil. Segundo muitos autores, o Saci seria uma Divindade de origem Indígena (dos primeiros índios a manter contato com os Portugueses, portanto do Tronco Lingüístico Tupi-Guarani).

Descreva fisicamente o Saci.

____

Qual era a função do Saci?

____

Relacione os ditados e frases populares com o seu significado:

1. Osso duro de roer
2. Olhos de lince
3. Acordar com as galinhas
4. Dar nó em pingo d'água
5. Dar mão à palmatória
6. Dar com os burros n'água
7. A cavalo dado não se olham os dentes

( ) não se olha o valor de um objeto dado

( ) coisa difícil de resolver

( ) ser capaz de sair de todas as dificuldades

( ) enxergar longe

( ) acordar cedo

( ) aceitar que errou

( ) fazer muito esforço para conseguir algo e acabar perdendo tudo de forma banal

RESPOSTAS AOS EXERCÍCIOS

MAIS BRASIL

A partir da unidade 3, você encontra um questionário sobre curiosidades do país. Ao escolher a alternativa correta, preencha o quadro abaixo e descubra o quanto você já sabe sobre o Brasil. Marque um ponto para cada resposta correta.

U. 3	U. 4	U. 5	U. 7	U. 9	U. 11	U. 13	U. 16	U. 17	U. 19	U. 19
P. 17	P. 25	P. 30	P. 39	P. 48	P. 59	P. 69	P. 82	P. 90	P. 97	P. 100
1. A ___ 1. B ___	2. A ___ 2. B ___	3. A ___ 3. B ___	4. A ___ 4. B ___	5. A ___ 5. B ___	6. A ___ 6. B ___	7. A ___ 7. B ___	8. A ___ 8. B ___	9. A ___ 9. B ___	10. A ___	10. B ___

As respostas estão na página 134.

1.

1. d
2. j
3. a
4. i
5. f
6. l
7. b
8. h
9. k
10. g
11. c
12. e

2.

1. O primeiro nome dele é Takeshi.
2. Ele é do Japão.
3. Ele é diretor.
4. Ele trabalha para a NEC.
5. Seu e-mail é hata@nec.com.br
6. O sobrenome de Lourdes é Zilberberg.
7. Ela é conselheira de Relações Internacionais (Advisor for International Relations).
8. Ela é uruguaia.
9. A empresa fica em São Paulo.
10. Ela trabalha na FAAP (Fundação Armando Álvares Penteado)
11. O telefone dela é 3662-7159

3.

1. Sim, eu SOU casado/a. / Não, eu não SOU casado/a.
2. Sim, meus pais SÃO brasileiros. / Não, meus pais não SÃO brasileiros.
3. Sim, eu SOU extrovertido/a. / Não, eu não SOU extrovertido/a.
4. Sim, eu ESTOU no Brasil. / Não, eu não ESTOU no Brasil.
5. Sim, eu TENHO filhos. / Não, eu não TENHO filhos.
6. Sim, eu TENHO mais de 30 anos. / Não, eu não TENHO mais de 30 anos.
7. Sim, nós ESTAMOS juntos. / Não, nós não ESTAMOS juntos.
8. Sim, eu TENHO irmãos. / Não, eu não TENHO irmãos.
9. Sim, eu ESTOU em casa neste momento. / Não, eu não ESTOU em casa neste momento.
10. Sim, eu ESTOU sozinho/a. / Não, eu não ESTOU sozinho/a.
11. Sim, meus pais TÊM muitos irmãos e irmãs. / Não, meus pais não TÊM muitos irmãos e irmãs.
12. Sim, eu SOU empresário/a. / Não, eu não SOU empresário/a.

4.

1. sobrinho
2. cunhada
3. avô
4. primas
5. avó

5.

1. V
2. F
3. V
4. F
5. V
6. V
7. V
8. V
9. F
10. F

6.

a. (2)
b. (1)
c. (3)
d. (2)
e. (3)
f. (1)
g. (3)
h. (2)
i. (3)
j. (1)
k. (2)
l. (1)

7.

Texto 1

(1) umas
(2) Uma
(3) a
(4) A
(5) O
(6) Os
(7) as
(8) A
(9) a
(10) A
(11) uns
(12) a
(13) uma

Texto 2

(1) uma
(2) a
(3) o
(4) uns
(5) um
(6) O
(7) o

8.

1. é / estou / está / estou
2. é / Estou / são / São / estou

9. Sugestão de respostas:

- A dona de casa vai ao supermercardo uma vez por semana.
- A secretária chega sempre às 8h da manhã no escritório.
- Júlio e eu temos algo em comum; somos do signo de Escorpião.
- Eu e minha esposa somos colegas de trabalho.
- O estrangeiro estuda o novo idioma para ser melhor compreendido.
- Meu irmão caçula assiste à TV todos os dias.
- Eu faço minhas lições todos os dias.
- O porteiro recebe gorjetas em dólar.
- Os policiais estão sempre alerta.
- Os professores universitários corrigem provas nos fins de semana.
- Meus filhos estudam num colégio particular.
- O empresário tem um motorista particular.
- Cássia e sua filha trabalham como costureiras.

10. Sugestão de respostas:

1. Os Sousas gostam de praia.
2. Eles não vão à praia todos os dias.
3. Todos sempre dormem muito cedo e levantam cedo.
4. Nos fins de semana eles trabalham também.
5. Os filhos gostam de surfar.
6. Raramente a esposa do seu Sousa pesca com ele.
7. Os Sousas têm um supermercado no centro de Bertioga.
8. Ana gosta de tomar sol e de passear na praia.
9. Sábado é dia de lanche.
10. Domingo é dia de comer fora.

11. Sugestão de respostas:

1. Qual é o nome dela? Daniela Rodrigues.
2. Há quanto tempo ela estuda português? Há 5 meses.
3. Qual é o telefone dela? 5664-0741.
4. Quantos filhos ela tem? Ela tem duas filhas lindas.
5. Quantos anos ela tem? Ela tem 26 anos.
6. O que o marido dela faz? Ele é médico.
7. Onde ela trabalha? Ela trabalha numa empresa multinacional.

12.

1. (d) advogado
2. (g) dentista
3. (h) professor
4. (c) mecânico
5. (e) garçom
6. (f) encanador
7. (b) eletricista
8. (a) médico

13.

1. felizes/ótimo
2. solteiro
3. lindas
4. casada
5. tímido
6. extrovertida
7. inteligente
8. cansados

14.

B	C
(3)	(4)
(4)	(5)
(7)	(7)
(1)	(1)
(6)	(3)
(5)	(2)
(2)	(6)

Sugestão de respostas:

2. Quantos anos você tem? Tenho 25 anos.
3. Quando é seu aniversário? 9 de dezembro.
4. Como se chama sua esposa? Teresa.
5. Qual é seu prato favorito? Feijoada.
6. Onde você trabalha? Trabalho na NEC, em São Paulo.
7. De onde você é? Sou da Itália.

1.

1. Oi, como vai? Tudo bem? Tenha um bom dia!
(1) Terça-feira, por volta das 8h da manhã.

2. Como foi o final de semana?
(2) Segunda-feira, por volta das 9h15.

3. Bom descanso e até amanhã.
(3) Quinta-feira, por volta das 18h.

4. Até Segunda. Bom fim de semana.
(4) Sexta-feira, por volta das 17h30.

2.

Respostas pessoais

3.

1. Eles se abraçaram.
2. Ele se penteou.
3. Eles se vestiram.
4. Ela se maquiou.
5. Eles se beijaram.

4.

1. é
2. é
3. é
4. é
5. É
6. estar
7. estão
8. Estamos
9. é
10. Estamos
11. Sou
12. é
13. Sou

5. Sugestão de respostas:

1. Não fui à feira **porque** não tinha dinheiro.
2. Eles chegaram tarde **mas** não perderam a reunião.
3. Anteontem fomos ao Rio de Janeiro **e** visitamos as lindas praia de Ipanema.
4. Ontem choveu muito, **por isso** nós não viemos à aula.
5. Carlos não foi à festa **porque** ele precisou trabalhar.
6. Nós fomos ao cinema **mas** não assistimos ao filme. O cinema estava lotado **e** não havia mais ingressos.
7. A: Por que você não me telefonou ontem?
   B: Tive um dia muito complicado. Meu carro quebrou, perdi minha carteira e voltei pra casa a pé. Quando cheguei em casa, eu peguei no sono, **por isso** não liguei pra você.
8. Moro em São Paulo há 20 anos, **por isso** conheço tudo por aqui.

6.

1. Sandra não fala árabe nem italiano.
2. Hoje não posso, mas que tal amanhã?
3. Porque me casei com um brasileiro.
4. e / ou / e
5. por isso
6. nem / nem

7.

(1) viajei
(2) peguei
(3) cheguei
(4) visitei
(5) fui
(6) comi
(7) foi
(8) gostei
(9) quis
(10) pude
(11) desembarquei
(12) aconteceu

Em dezembro, eu (1) para Salvador em férias. (2) o avião no aeroporto de Guarulhos e, após duas horas e quinze minutos de vôo, (3) lá. (4) vários pontos turísticos. (5) ao Pelourinho, à igreja de São Francisco e a outros tantos lugares.
(6) alguns pratos típicos.Que delícia! A temperatura estava alta: fazia mais de 37 graus à sombra. O calor (7) motivo para muitas cervejas geladas.
(8) bastante da cidade e (9) ficar mais tempo, mas não (10) porque tive dificuldade em encontrar lugar em outro vôo. Quando (11) em São Paulo, meu irmão e eu conversamos sobre Salvador e contei a ele tudo o que (12).

8. Sugestão de respostas:

1. (6) convidou — (2) 1. O que vocês fizeram ontem, após o almoço?
2. (1) fizeram — (3) 2. Onde eles passaram as últimas férias?
3. (2) passaram — (6) 3. Quem telefonou para mim esta manhã?
4. (4) chegou — (4) 4. Por que o pedido chegou só agora?
5. (5) foram — (5) 5. Quantos funcionários foram a São Paulo para o evento?
6. (3) telefonou — (1) 6. Quem você convidou para a festa de fim de ano?

1. Ontem, após o serviço, fomos a uma choperia.
2. (Eles) passaram as últimas férias na Argentina.
3. Seu filho e o Sr. Frederico telefonaram esta manhã.
4. O pedido só chegou agora porque não tive como mandar antes.
5. Apenas dois funcionários foram a São Paulo para o evento.
6. Todos os nossos fornecedores e funcionários.

9.

1. quatorze
2. segundo
3. trigésimo
4. vinte
5. cinco/dez
6. terceira
7. primeiro
8. quarta/quatro
9. três
10. sexto

10.

2, 4, 1, 3, 5
Primeiro, depois/em seguida, e, finalmente

11.

1. seu
2. minha
3. nossos
4. dela
5. sua
6. dela
7. sua
8. meus
9. deles
10. seus
11. dele
12. seu
13. minhas
14. nossas
15. suas
16. seus
17. meu

12.

A	T	É	L	O	G	A	A	T	É	O
Ô	N	I	B	É	S	O	N	Ô	N	B
A	Ç	G	I	L	A	B	R	L	I	R
O	A	É	Ô	N	I	B	U	S	A	I
T	T	O	A	S	Ô	É	A	Ô	L	G
E	É	B	D	O	A	G	R	Ç	Ô	A
R	R	A	T	É	L	O	G	O	Ç	D
Ç	A	E	R	Ç	A	I	L	É	A	O
A	B	R	I	L	S	É	A	O	R	S

1. alô
2. até logo
3. ônibus
4. obrigado
5. oi
6. terça
7. abril

13. a.

1. é
2. nasceu
3. nasci
4. tem
5. sou
6. passou
7. mora
8. moro
9. estuda
10. estudo
11. trabalho
12. dou
13. tem
14. tenho
15. adoro

b.

1. Nasceu em Salvador, Bahia, em 11 de junho de 1980.
2. Nenhum, pois ele é filho único.
3. Em Feira de Santana, na chácara dos avós dele, Adroaldo e Eva.
4. Estuda Educação Física e trabalha. Dá aulas de tênis.
5. Sim. Skate e surf, entre outros.

EXPRESSÕES IDIOMÁTICAS

1. verde
2. vermelho
3. roxo
4. preto
5. azul
6. branco

UNE, DUNE, TÊ, A ESCOLHIDA FOI VOCÊ!!!

1. três
2. crise
3. veloz
4. rodízio
5. juiz
6. luz
7. através
8. fusão
9. empresa
10. aviso
11. prazo
12. prazer
13. cartaz
14. análise
15. azar

1.

1. a
2. b
3. b
4. a
5. a

2. MAIS BRASIL - respostas na página 134.

3.

1. (b) 2. (d) 3. (a) 4. (c)

4.

a.

1. agitado
2. adolescentes
3. amigos
4. resfriadinho
5. mal jeito

b.

1. fazia
2. jogavam
3. arrumava
4. chamava
5. dava
6. bagunçavam
7. preparavam
8. assistia
9. conseguia
10. conversavam
11. dormia

5.

1. era
2. acordava
3. tomava
4. vestia
5. andava
6. esperava
7. ia
8. estava
9. Chegava
10. saía
11. voltava
12. terminou
13. procurou
14. enviou
15. fez
16. Acabou
17. é
18. tem
19. Gosta
20. está

6.

Respostas pessoais.

7. Sugestão de respostas:

A é muito maior do que B.

A é duas vezes menor do que B.

A vida noturna em A é melhor do que em B.

A vida noturna em A não é tão agitada quanto em B.

A comida é muito mais gostosa em B.

As oportunidades de trabalho são melhores em A.

Em B o trânsito é um pouco pior do que em A.

8.

(4) o melhor (3) a menor

(6) piores (2) o maior

(5) a maior

2. O Brasil é o maior país da América Latina.
3. A Amazônia tem a menor densidade populacional do Brasil.
4. Curitiba tem o melhor sistema de transporte coletivo do Brasil.
5. São Paulo tem a maior colônia japonesa fora do Japão.
6. Um dos piores problemas das metrópoles é a violência urbana.

9. Sugestão de respostas:

1. Ver um filme no cinema é melhor do ver em vídeo.
2. Júlia Roberts é tão bonita quanto Kim Bessinger.
3. Tina Tunner é menos famosa (do) que Madonna.
4. Morar em apartamento é pior do que morar numa casa.
5. O rio Tâmisa, em Londres, é menos poluído do que o rio Tietê, em São Paulo.
6. Estudar português é mais fácil do que estudar japonês.
7. Falar em público é tão difícil quanto falar ao telefone com um estrangeiro.
8. Passar as férias no campo é menos divertido do que passar na praia.
9. Cozinhar é mais agradável do que lavar a louça.
10. Andar de avião é mais seguro do que andar de bicicleta.

10.

1. (F) É apenas um pouco mais barato.
2. (F) Não oferece opções dentro do hotel.
3. (F) O Hotel Cachoeira oferece apenas o almoço.
4. (F) Todos os hotéis oferecem o mesmo pacote com o mesmo número de dias.
5. Resposta pessoal.

11.

1. solteiro/a 2. casado/a 3. viúvo/a 4. divorciado/a

12.

Respostas pessoais.

13.

Luís está consertando o armário da cozinha, trocando as lâmpadas queimadas, abrindo o vinho para preparar a sangria e está levando o lixo pra fora.

Carla está preparando a comida/cozinhando, limpando os armários, varrendo o chão e lavando a louça.

14. 4, 3, 5, 1, 2

EXPRESSÕES IDIOMÁTICAS

1. fera
2. frango
3. dez
4. pau
5. bola

UNE, DUNE, TÊ, A ESCOLHIDA FOI VOCÊ!!!

Escreve-se com X ou CH?

1. mexer
2. pechincha
3. relaxar
4. xícara
5. bochecha
6. lixo
7. luxo
8. faxina
9. machucar
10. xereta
11. vexame
12. fachada
13. bexiga
14. cachimbo

1.

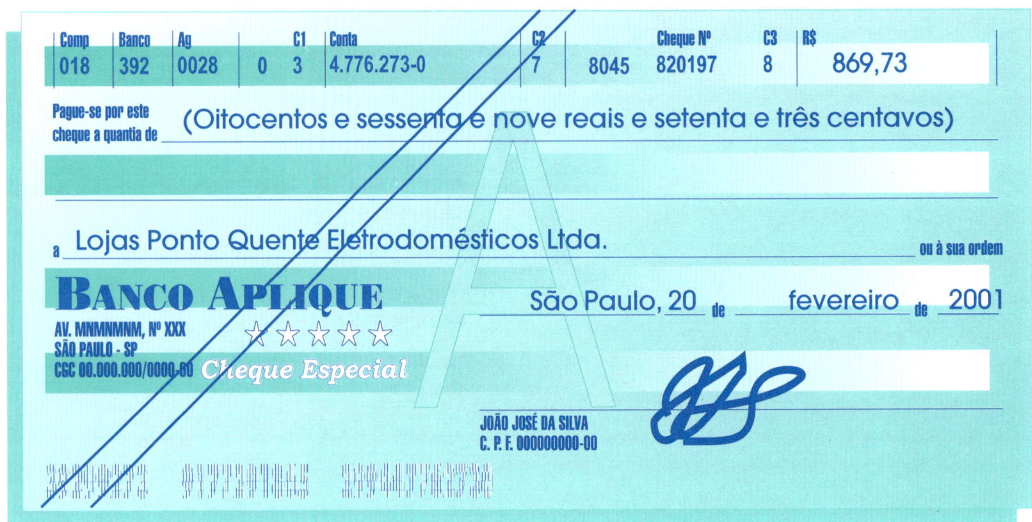

2.

1. reu-ni-ão
2. fa-cul-da-de
3. o-bri-ga-do
4. car-na-val
5. es-tu-dan-te
6. quen-te
7. te-le-fo-ne
8. me-trô
9. a-par-ta-men-to
10. com-pu-ta-dor
11. sa-la
12. es-po-sa
13. ma-ri-do
14. ca-sa
15. jan-tar
16. es-cri-tó-rio
17. pro-fis-são

3. Sugestão de resposta:

Nós vamos nos mudar para a Inglaterra. Nossos filhos vão se formar em Medicina. Eu serei promovido ao cargo de gerente. Minha filha caçula viajará para os Estados Unidos. Comprarei um carro novo.

4. Sugestão de respostas:

1. Eu nunca almoço em casa, mas meus filhos sempre almoçam.
2. Eu geralmente tenho reuniões após o expediente, mas meu funcionário nunca tem.
3. Eu normalmente viajo nas férias, mas no ano passado fiquei em casa.
4. Eu escrevo poucas vezes para amigos ou familiares, mas desta vez escrevi pra todo mundo.
5. Eu dificilmente alugo filmes na vídeo-locadora, mas minha irmã às vezes aluga.
6. Eu, às vezes, chego atrasado a compromissos, mas uma pessoa pontual nunca chega atrasada.
7. Eu jamais fiz um cruzeiro, mas tenho amigos que já fizeram.
8. Eu raramente tomo banho de mar ou de piscina à noite, mas meu filho, de vez em quando, toma quando acaba de jogar tênis.
9. Eu nunca esqueci o aniversário de meu marido/minha esposa, mas meu chefe já.

5. Sugestão de respostas:

Às 8h30, Júlia providenciou o retroprojetor e as transparências para a reunião. Às 9h, recepcionou os participantes da reunião. Às 10h, verificou o coffee break e, às 10h30, providenciou a limpeza. Às 11h30, confirmou a reserva no restaurante para os participantes da reunião e, às 12h30, ela foi almoçar.
Às 14h30, vai participar (participará) da reunião sobre o material gráfico e, às 15h, enviará (vai enviar) o malote bancário. Às 15h30, vai telefonar (telefonará) para o dentista para desmarcar a consulta e, às 17h, vai elaborar a previsão de despesas anuais. Às 18h45, terá aula de natação.

6.

Respostas pessoais.

7.

1. para / num / do / ao / pela
2. No / de / em / para
3. com / em / do

8.

1. veremos
2. perdi
3. prepararam
4. dividia
5. Comemos

9. Sugestão de resposta:

Eu nunca pratiquei beisebol. Eu geralmente jogo tênis duas vezes por semana. Eu normalmente jogava futebol nos fins de semana, quando era solteiro. Eu dificilmente nado mais do que três vezes por semana.

T	U	A	S	Y	Q	L	B	D	B	O
E	Z	J	B	O	D	V	A	M	E	H
N	A	T	A	Ç	Ã	O	S	A	I	T
I	V	L	S	W	F	L	Q	B	S	R
S	J	P	Q	C	V	I	U	D	E	G
Y	H	L	U	X	A	F	E	P	B	L
A	C	V	E	F	U	T	E	B	O	L
M	K	O	T	B	N	F	E	G	L	E
G	S	V	E	D	J	G	E	A	U	T

10.

1. comeram
2. viajarão
3. chegarão
4. viajaram
5. gastaram
6. dormiram
7. beberam
8. ficarão
9. compraram
10. entenderam

11. Pelo auto-falante num shopping center.

A: Atenção, proprietário do carro placa JNZ 8951. Favor comparecer ao estacionamento.

(Minutos depois)

B: Boa tarde, sou o proprietário do carro.

A: Como é o seu nome?

B: Francisco Pereira.

A: Sr. Francisco, o seu carro está com o pneu furado.

B: Será que alguém pode trocar o pneu pra mim?

A: Claro. Vou chamar o rapaz pelo interfone.

B: Quanto custa o serviço?

A: É com ou sem câmera?

B: Sem.

A: R$ 15,00.

B: Puxa, que caro! Será que dá pra fazer um abatimento?

A: Infelizmente não posso fazer nada. O preço é tabelado, e o rapaz tem que levar o pneu à borracharia.

12.

1. (3)
2. (2)
3. (3)
4. (2)
5. (1)
6. (2) usualmente
7. (1) usualmente
8. (1) usualmente

EXPRESSÕES IDIOMÁTICAS

1. macaco
2. cobra
3. cachorro
4. gato
5. boi
6. cavalo

UNE, DUNE, TÊ, A ESCOLHIDA FOI VOCÊ!!!

1. anteontem
2. campeão
3. crânio
4. requisito
5. disenteria
6. esquisito
7. privilégio
8. meritíssimo
9. mercearia
10. empecilho
11. paletó
12. cadeado
13. penico
14. periquito
15. artifício

1. Os símbolos e as letras podem variar.

Devem combinar:

1	7
2	3
3	5
4	6
5	10

6	1
7	9
8	4
9	2
10	8

2.

1. A produção agrícola abrange as culturas de soja, milho e mandioca. Na pecuária evidencia-se a criação de bovinos, eqüinos, caprinos e ovinos. Economicamente, Foz do Iguaçu pode ser considerada o centro de destaque do Oeste do Paraná, sendo que a comprovação da aquisição de vida própria, independente do progresso súbito trazido pela Itaipu, está no expressivo crescimento dos estabelecimentos comerciais e prestadores de serviços a partir do ano de 1983, principalmente ligados às atividades turísticas.
Grande número de habitantes provenientes do Rio Grande do Sul, que originariamente se dedicaram à agricultura e alguns, posteriormente, ao turismo. Com Itaipu, mão-de-obra de várias localidades do Brasil se deslocou à cidade. Foz do Iguaçu é o segundo polo turístico nacional e o terceiro parque hoteleiro do Brasil.

2. Que tal fazer reservas de hotéis, vôos, contratar serviços de operadoras de mergulho, alugar carros e todos aqueles detalhes que nos dão dor de cabeça em uma viagem, sem sair de casa e, o melhor, em qualquer parte do mundo? Essa é a proposta da agência virtual da Aquatrip. Via internet, através do site www.aquatrip.com, você tem uma lista completa de serviços, informações e links, permitindo ao mergulhador planejar a viagem sem interme-diários ou, ainda, comparar preços e escolher os serviços que mais se adaptam ao seu roteiro.

3. "Não agüento mais esta vida tranqüila e saudável demais! Quero ouvir os sons da bateria, beber guaraná, comer lingüiça no churrasco do vizinho e ficar preso no trânsito freqüente da Avenida Paulista."

3. Sugestão de respostas:

1. Tomara que eles se divirtam.
   Desejo que ninguém fique doente.
   Duvido que eles voltem antes do fim do mês.
2. Talvez ele perca a entrevista.
   Pena que ele vá perder um emprego tão bom.
   Desejo que ele consiga pegar o ônibus depressa.
3. Espero que eles não briguem.
   Talvez eles fiquem um mês em lua-de-mel.
   Pena que eles sejam tão jovens para se casar.

4.

1. b seja
2. f tragam
3. e faça
4. d leia
5. c saibam
6. a esteja

5. Sugestão de respostas:

1. seja bom.
2. seja compreensível.
3. possam me entender.
4. seja flexível.
5. não seja tão afastado.

6. Sugestão de respostas:

PEIXES

Se você for mais paciente, com certeza, terá mais ajuda.

ÁRIES

Se você falar menos, fará muito mais.

TOURO

Se você for menos teimoso, certamente será mais feliz.

GÊMEOS

Se você conseguir manter o bom humor, nada vai desanimá-lo/a.

CÂNCER

Se você tiver certeza do que está fazendo, ninguém vai convencê-lo/a do contrário.

7.

1. Onde você o conheceu?
2. Você pode, por favor, chamá-la?
3. Vocês não vão encontrá-los no restaurante?
4. Você já respondeu a ele?
5. Alguém as viu?
6. Onde você a comprou?
7. Você poderia, por favor, dar-lhe este documento?
8. Você os convidou para o casamento?
9. Você lhes mostrou o relatório?
10. Você pode copiar-lhe esta mensagem?

8.

1. Estavam
2. esteja
3. está
4. Estava
5. Estou
6. estamos
7. estávamos

(3) Ele pensa que está sempre certo e nem sempre percebe as próprias falhas.

(6) Será que você poderia ligar o ar-condicionado? Nós estamos com calor.

(1) Estavam mortos de fome, por isso foram almoçar antes do meio dia.

(7) Nós estávamos com tanto frio ontem à noite que acendemos a lareira para aquecer a sala.

(2) Mesmo que você esteja sem paciência, tem que esperar sua vez para ser atendido sem furar a fila.

(5) Nossa! Estou com uma dor de cabeça daquelas, por isso vou tomar um remédio agora mesmo.

(4) Estou com muita sede, por isso bebi quase um litro d'água!

9.

(1) tem
(2) tenho/temos
(3) vendo/vendemos
(4) comprei
(5) pediu
(6) precisamos
(7) podemos
Estabelecimento: farmácia/drogaria

(8) Posso
(9) Pode
(10) ficaram
(11) tem
(12) Tenho/Temos
(13) acabou
(14) precisava/preciso
Estabelecimento: loja de calçados

(15) comprou
(16) trouxe
(17) Esqueci
(18) podemos
(19) sei
(20) voltarei/volto
Estabelecimento: Loja de Eletrodomésticos

EXPRESSÕES IDIOMÁTICAS

1. a. (2) (1)
2. b. (3) (4)
3. c. (5) (2)
4. d. (1) (5)
5. e. (4) (3)

1. Droga! Ele deu o cano!/Não apareceu.
2. Nossa! Que sarada, hein?/Mulherão!
3. Puxa vida! Não me diga que... aprontou de novo!/Fez algo errado outra vez.
4. Mas que coisa! Você só me traz pepinos!/Arranja problemas.
5. Legal! Hoje estou novinha em folha!/Eu me sinto bem. Estou descansada.

UNE, DUNE, TÊ, A ESCOLHIDA FOI VOCÊ!!!

1. gorjeta
2. sugestão
3. estrangeiro
4. sargento
5. traje
6. jibóia
7. tigela
8. geada
9. gíria
10. berinjela
11. majestade
12. jeito
13. ligeiro
14. gengiva
15. canjica

1. Sugestão de respostas:

1. Se eu ganhasse R$ 50.000,00, abriria meu próprio negócio.
2. Se eu previsse (pudesse prever) o futuro, faria isso profissionalmente e ganharia muito dinheiro.
3. Se eu estivesse desempregado, procuraria um novo emprego em jornais e nas agências de recolocação.
4. Se eu engordasse 20 kg, procuraria um médico para saber a razão.
5. Se eu fosse um atleta profissional, procuraria bons patrocínios.

2. Palavras que são acentuadas

1. alguém
2. ninguém
3. é
4. lingüiça
5. tranqüilo
6. fé
7. vídeo
8. três
9. escritório

3.

1. Creio que Sílvio seja muito organizado.
2. Talvez Silvana não esteja de bom humor.
3. É provável que Sandro esqueça de apagar a luz antes de dormir.
4. Tomara que Sônia passe no vestibular para Direito.
5. Desejo que Salomão e Sara sejam felizes.
6. Lamento que Sueli não viaje todo fim de ano.
7. Lamento que Sandoval sempre se atrase para as reuniões.
8. É improvável que Silmara queira se aposentar.

4. Sugestão de respostas:

1. mesa de jantar, cadeiras, buffet, tapete, luminária, quadro...
2. sofá, poltronas, estante, mesa de centro, mesa de canto, tapete, quadro, luminária...
3. televisão, aparelho de som, estante, tapete, luminária, cadeira do papai, DVD, vídeo...
4. cama de solteiro/casal/viúvo/beliche/bicama/berço, colchão, guarda-roupa, cortina, criado-mudo, abajur, escrivaninha...
5. espelho, luminária, tapete, tampa de vaso sanitário...
6. fogão, geladeira, armários, mesa/bancada, bancos, microondas, liquidificador, filtro de água...
7. máquina de lavar, secadora, varal, tábua de passar, ferro elétrico...

5. Sugestão de respostas:

1. (1) bermuda
2. (1) biquíni
3. (1) camiseta
4. (1) camiseta regata
5. (2) camisa
6. (2) calça comprida
7. (1 e 2) roupão de banho
8. (1) boné
9. (1) chinelo
10. (2) casaco
11. (1 e 2) calcinha
12. (2) papéis
13. (1) toalha
14. (2) sapato
15. (1) maiô
16. (2) meia
17. (1) bota
18. (1) sunga
19. (2) gravata
20. (2) cinto
21. (1 e 2) livro
22. (1 e 2) óculos de sol (óculos escuros)
23. (1 e 2) cueca
24. (1 e 2) telefone celular

6. a. Sugestão de respostas:

1. Telma viajaria para o Pantanal **se não fosse tão caro**.
2. Os funcionários viriam trabalhar de metrô se **houvesse uma estação de metrô perto da casa deles**.
3. Eduardo depositaria o dinheiro na poupança se **conseguisse economizar mais**.
4. Ela não o promoveria **se não fosse a pedido do diretor**.
5. Pedro estaria a par do projeto **se participasse das reuniões**.
6. Eu faria um trabalho voluntário **se tivesse mais tempo**.
7. Gustavo saltaria de asa delta se não fosse tão medroso.
8. A taxa de desemprego não estaria tão alta **se o governo desse mais incentivo às empresas**.
9. O tráfego desta cidade não seria tão caótico **se houvesse menos carros circulando**.

b. Sugestão de respostas:

1. Se nós pudéssemos, **viajaríamos mais freqüentemente**.
2. Se o português dele fosse melhor, **seria promovido**.
3. Se Francisco nos dissesse tudo que sabe, **certamente Afonso seria incriminado**.
4. Se o Governo combatesse a sonegação, **a classe média pagaria menos imposto**.
5. Se eles economizassem mais, **teriam mais dinheiro agora**.
6. Se o Brasil não fosse tão grande, **não haveria tanta diversidade climática**.
7. Se o custo de vida não fosse tão alto em São Paulo, **os paulistas poderiam comprar mais**.
8. Se a seca do Nordeste acabasse, **não haveria tanta migração de nordestinos para outros estados**.

7. Sugestão de respostas:

Beto: Também tive essa impressão.

Diana: Quantas aulas ainda teremos hoje?

B: Mais duas. O que você vai fazer depois da aula?

D: Nada de mais. Por quê? Qual é a sua idéia?

B: Podíamos almoçar juntos? O que você acha?

D: Onde? Eu ainda não conheço esta região muito bem.

B: Tem um restaurante por quilo aqui pertinho.

D: Como se chega lá?

B: A pé mesmo. O restaurante fica a uns cinco minutos daqui.

D: Quanto custa?

B: O quilo deve ser mais ou menos 10 reais. Que tal?

D: Tudo bem, te vejo na saída. Tchau!

8. a . Sugestão de respostas:

1. Enquanto alguns estavam indo, outros já estavam voltando.
2. Enquanto Márcio jogava ioiô, Paulo ouvia música.
3. Enquanto um cachorro comia, o outro dormia.

b

1. Eu estava tomando um sorvete, quando uma bola acertou minha cabeça.
2. Eu estava pescando, quando fisguei/peguei um sapato.

9.

1. bater papo
2. deu o cano
3. caiu do cavalo
4. com a maior cara-de-pau
5. de cara amarrada
6. dor-de-cotovelo
7. pra chuchu

10.

Resposta pessoal

11.

1. re-la-ti-va-men-te
2. ob-je-ti-vo
3. pró-pri-as
4. clas-si-fi-co
5. ver-da-dei-ra

12.

1. de
2. à / de / de
3. para
4. de / de / de
5. com / com
6. de / ao / ao / de
7. com / para

EXPRESSÕES IDIOMÁTICAS

1. (d) 2. (a) 3. (c) 4. (b)

UNE, DUNE, TÊ, A ESCOLHIDA FOI VOCÊ!!!

1. consciência
2. disciplina
3. acréscimo
4. expansão
5. mercenário
6. acelerado
7. assédio
8. fascículo
9. próximo
10. máximo
11. cassino
12. ascensão
13. assinatura
14. assobio
15. assustado

1.

												3	
			2									D	
			T						5			E	
			E						R			S	
			L						E			T	
			E						G			I	
			G						I			N	
1	C	A	R	T	Ã	O	-	P	O	S	T	A	L
			A						T			T	
			M						R			Á	
4		F	A	X					A			R	
									D			I	
									A			O	

2.

1. p/: para
   pgto: pagamento
   desc.: desconto
   3x s/j: três vezes sem juros
   q.q.: qualquer
2. ch.30/60: cheque para 30 e 60 dias
   salg.: salgados
   sand.: sanduíches
   Entr. dom.: Entrega em domicílio
3. constr.: construção
   prof.: profissional
   estac.: estacionamento
   pisc.: piscina
   infra-estr. compl.: infra-estrutura completa
   c/ ou s/: com ou sem
4. pcte.: pacote
   p/12 pes.: para 12 pessoas
   dorms.: dormitórios
   churr.: churrasqueira
   c/Sônia: com Sônia
   F.: fone (telefone)
5. Próx.: próximo
   f. semana: fim de semana
   c/3 ref/dia: com 3 refeições por dia
   120 Km/SP: A 120 quilômetros de São Paulo
   pg em 2X: pagamento em duas vezes
6. Popul.: popular
   pts.: portas
   c/Km: com quilometragem
   sem: semanal
   men: mensal
   c/c: cartão de crédito

3. Sugestão de respostas:

1. Há alguns / poucos meses.
2. Já conheço todos os professores e vários alunos.
3. Poucas. / Muitas. / Várias.
4. Alguns dias eu fico em casa.
5. Ninguém. / Todos.
6. De todos. / De nenhum. / De alguns.
7. Alguém. / Ninguém. / Pode ser qualquer um do departamento.
8. Demais. / Vários dias fico até tarde para terminar toda a minha lição.
9. Qualquer um.
10. Quase nada. / Muito dinheiro. / Alguns dólares.

4. Sugestão de respostas:

(O uso dos demonstrativos pode ser variado. Ao descrever os objetos, o aluno deve se imaginar próximo ou distante dos mesmos para escolher o pronome adequado.)

- Este é um excelente tapete persa que ganhei de minha avó. Ele deve valer uns 600 reais.
- Aquele maravilhoso quadro é um legítimo 'Portinari'. Ele não custa menos que 5 mil reais.
- Esta antiga poltrona de couro veio da Espanha. Foi um presente de casamento dos meus tios. Ela deve custar uma fortuna. Acho que vale uns 1.500 reais.
- Este lindo vaso de porcelana chinesa tem um valor sentimental muito grande. Ganhei de meu bisavô. Ele é todo pintado a mão. Deve custar uns 800 reais.
- Aquela prática luminária é de ferro. Ela pode ser usada em qualquer cômodo da casa. Deve custar só uns 120 reais.

5.

1. preste
2. preocupe
3. coloque
4. dirija
5. pise
6. engate
7. tire
8. Mude
9. fique
10. tenha
11. ultrapasse
12. Seja
13. obedeça
14. Pare

6.

Jorge: **Vá** em frente até o primeiro farol e **vire** à direita. **Vá até** a padaria e **desça** a ladeira do Ipê. O restaurante fica no fim da rua, à esquerda.

Sandra: (sugestão de resposta) Vire a primeira direita e, em seguida, a esquerda na avenida Rio Branco. Vá até o farol e vire à esquerda. Desça a ladeira Ipê e mantenha-se à esquerda. Você logo verá o restaurante à sua esquerda.

7.

1. entrou na contra-mão
2. fez uma conversão errada
3. não deu a preferência
4. a velocidade máxima permitida é de 40 km/h

Sugestão de resposta:

Eu tive que pegar um táxi para levar minhas encomendas e pegar as crianças na escola, antes de resolver o problema com o meu carro. Não tinha mais tempo pra discutir com o guarda. Deixei o carro lá e fui embora. O táxi fez um caminho terrível e pegou o maior trânsito. Meu celular estava sem bateria e não pude ligar para a escola. Já estava muito preocupada, mas, felizmente, cheguei à escola antes do último turno. À noite, contei tudo pro meu marido e ele ficou uma fera! Antes de me deitar, o telefone tocou. Era do Distrito Policial dizendo que meu carro tinha acabado de ser guinchado e levado para o pátio da delegacia. Desmaiei!!!

8.

É tempo de férias. Os sintomas são percebidos rapidamente. Na televisão, começam a pipocar as intermináveis reprises de filmes infanto-juvenis, classificadas como "Festival de Férias". As mães começam a enlouquecer com os pequeninos brincando freneticamente, de um lado para o outro. E o sossego acaba. Que tal, no entanto, tornar as coisas um pouco mais divertidas e dividir com os garotos a emoção das viagens inesquecíveis?

9. Sugestão de respostas:

1. Quando / Se eu for promovido, vou receber um ótimo salário

   Se eu fosse promovido, receberia um ótimo salário.
2. Quando / Se eu for demitido, arranjarei, logo, um novo emprego.

   Se eu fosse demitido, arranjaria, logo, um novo emprego.
3. Quando / Se eu falar um outro idioma fluentemente, vou me mudar para o exterior.

   Se eu falasse um outro idioma fluentemente, me mudaria para o exterior.
4. Quando / Se eu me mudar para o exterior, vou estudar um novo idioma.

   Se eu me mudasse para o exterior, estudaria um novo idioma.
5. Quando / Se eu começar meu próprio negócio, vou ganhar mais dinheiro.

   Se eu começasse meu próprio negócio, ganharia mais dinheiro.
6. Quando / Se eu ganhar um milhão de reais, viajarei pelo mundo inteiro.

   Se eu ganhasse um milhão de reais, viajaria pelo mundo inteiro.
7. Quando / Se eu comprar uma casa nova no campo, farei um churrasco para comemorar.

   Se eu comprasse uma casa nova no campo, faria um churrasco para comemorar.
8. Quando / Se eu ficar preso num elevador, vou esperar por socorro.

   Se eu ficasse preso num elevador, esperaria por socorro.
9. Quando / Se meu chefe me convidar para jantar na casa dele, eu aceitarei com o maior prazer.

   Se meu chefe me convidasse para jantar na casa dele, eu aceitaria com o maior prazer.
10. Quando / Se eu chegar em casa, antes das 19h, numa segunda-feira, vou fazer compras.

    Se eu chegasse em casa, antes das 19h, numa segunda-feira, iria ao supermercado.

10. Sugestão de respostas:

1. Durma, pelo menos, 6 horas por dia.
2. Exercite-se! Faça caminhadas. Faça ginástica, ao menos, duas vezes por semana.
3. Coma muita fruta. Faça uma alimentação leve e beba muito líqüido.
4. Sorria. Seja feliz. Permita-se fazer pequenas coisas.
5. Tire férias todo ano. Viaje bastante. Divirta-se. Conheça lugares novos.
6. Durma cedo e levante cedo. Aproveite bem o dia!
7. Não coma muita carne vermelha ou muito peixe congelado. Coma carne fresca. Não exagere nas gorduras. Prefira saladas e verduras.
8. Evite comer bobeiras fora de hora. Coma na hora certa.
9. Comemore todos os bons momentos de sua vida. Prepare uma festa surpresa para quem você ama. Festeje suas vitórias com os amigos e familiares.

11.

(5) Eles têm urgência no recebimento?
(11) Coloque tudo dentro de um envelope simples, que nós providenciaremos a embalagem adequada aqui no Correio.
(7) Sugiro, então que a senhora envie tudo por Sedex.
(13) Por nada. Sempre às ordens.
(1) Agência de Correio, Guarulhos. Bom dia.
(9) Realmente é um pouco mais caro, mas vale a pena. É mais rápido e seguro.
(12) Muito obrigada pela atenção.
(10) E quanto à embalabem?
(6) Sim, bastante. Principalmente o documento.
(3) Pois não.
(8) Mas não é muito caro?
(4) Eu tenho que mandar para os meus pais, em Recife, duas fitas de vídeo e um documento muito importante. Qual seria a maneira mais segura de enviar?
(2) Bom dia, eu preciso de uma informação sobre envio e embalagem.

12.

1. levante – pegue
2. venha
3. traga – ligue – tente
4. tire – puxe
5. jogue – dê

EXPRESSÕES IDIOMÁTICAS

1. (d) Seu barbeiro! (H)
2. (e) Vá esquentar a barriga no fogão! (M)
3. (a) Pé de chumbo! (M ou H)
4. (b) Tire o pé do freio! (M ou H)
5. (c) Vá lavar roupa, dona Maria! (M)

UNE, DUNE, TÊ, A ESCOLHIDA FOI VOCÊ!!!

1. habilidade
2. ágil
3. horizonte
4. ira
5. estátua
6. êxito
7. ingênuo
8. hoje
9. habilitação
10. hálito
11. onipotente
12. herança
13. herói
14. higiene
15. erva
16. itálico

1. 3, 4, 1, 2, 5.

2.

A - Pratos feitos a base de mandioca, alimentos cozidos ou assados na folha de bananeira, canjica e pamonha feitas de milho.

B - Sarapatel, panelada, buchada e cozido. Sobremesas – pudim de iáiá, arrufos de sinhá, bolo de noiva e pudim de veludo.

C - Caruru e inhame. O uso do dendê e da pimenta Malagueta e da Costa.

3. Sugestão de perguntas:

1. Que pratos a culinária brasileira herdou dos índios?
2. Em que região brasileira predominam as frutas e os peixes?
3. Por que há muita influência das cozinhas italianas na região Sul do Brasil?

4.

Diálogo 1

Ao chegar a um restaurante:

(5) Essa é sua senha. Por favor, aguarde que chamaremos pelo número.

(9) De nada. Fiquem à vontade!

(1) Boa noite! Pois não.

(4) Fumantes.

(7) Uns 30 minutos, no máximo.

(2) Mesa para 4, por favor.

(6) Quanto tempo de espera?

(3) Fumantes ou não fumantes?

(8) Então, iremos aguardar. Obrigado.

Diálogo 2

Já na mesa, o garçom entrega o cardápio.

(4) Ainda vamos escolher. Quando você trouxer a bebida, pediremos.

(1) O que vão beber?

(5) Ok.

(3) Já querem fazer o pedido?

(2) Um chopp, um suco de laranja sem acúçar, uma coca e uma água com gás.

5.

1. desconheçam
2. preparada
3. escrita
4. explica/explicou
5. substituída
6. era
7. tinha
8. funcionava

a. gourmets – apreciadores de bons pratos

b. moqueca – *guisado de peixe ou de mariscos, temperados com coco, azeite e em algumas regiões com azeite de dendê (Bahia).

*Guisado – comida refogada com molho

c. labareda – grande chama

d. bobó de camarão – guisado de camarão com um espesso molho a base de mandioca (aipim)

e. crustáceo – tipo de animal aquático. Ex.: camarão, caranguejo, siri...

6.

1. (4)
2. (2)
3. (5)
4. (6)
5. (1)
6. (3)

7.

1. transitozinho
2. rapagão
3. cabeção
4. minutinho
5. festança
6. meninão
7. pãozinho
8. trabalhão
9. dinheirinho
10. panelinha

8.

1. me	4. los / os	7. conosco	10. lhes
2. lhe	5. as	8. se	11. si
3. a	6. nos	9. mim	12. conosco

9. Sugestão de diálogo:

R: Alô, Lena?

L: Oi, Renato, tudo bem?

R: Tudo. Recebeu meu convite?

L: Sim, e adorei a idéia. Vamos no meu carro ou no seu?

R: Podemos ir no meu.

L: Então está bem. A que horas você pensa em sair?

R: Lá pelas 6 horas. É muito cedo pra você?

L: Não, está bem. É melhor passarmos pelo supermercado, antes de irmos, não acha?

R: Não se preocupe. Lá perto da chácara há um supermercado muito bom. Você encontra de tudo.

L: Bem, então vamos fazer a divisão de tarefas quando chegarmos à chácara. Eu quero ajudar no que for possível, ok?

R: Obrigado, mas não se incomode. A nossa empregada irá conosco.

10. Resposta Pessoal

11.

1. As pessoas são auxiliadas a se comunicarem por meio da leitura e da escrita pelo Programa Escreve Cartas.
2. Muitas lojas de "griffe" estão concentradas na rua Oscar Freire.
3. Os Jogos Olímpicos de 2004 foram sediados em Atenas.
4. Os Jogos Panamericanos de 2007 serão sediados no Rio de Janeiro.
5. A declaração do imposto de renda é entregue pelos brasileiros em abril.
6. O almoço foi preparado por mim em uma hora.
7. As compras são feitas todos os sábados.
8. A mensagem foi deletada por nós, sem querer.
9. A sede do Governo Federal foi transferida para Brasília em 1960, pelo então presidente Juscelino Kubitschek.
10. John Kennedy foi morto por Lee Oswald.

12.

Começar De Novo

Mais do que **os** homens, **as** mulheres acima de 60 renovam suas vidas com muito entusiasmo e alegria. os/as.

Mesmo com **os** filhos adultos, sem **um** companheiro ou **um** trabalho, **as** mulheres reagem mais rápido à viuvez e **à** aposentadoria. Elas vão **à** luta em busca da felicidade, com muita determinação. Os homens, por sua vez, geralmente ficam apáticos, quase perdidos. Não raro, depois de deixarem o trabalho, eles se sentem inúteis, perdem horas em frente **à** tevê ou jogando dominó. os/um/as/à/as/a/à

A geriatra Anita Néri, da Universidade de Campinas (Unicamp), acredita que **os** homens passam a vida como provedores do lar e não se preparam para a aposentadoria. Não cultivam hobbies, esportes ou outro tipo de atividade. **As** mulheres, ao contrário, são menos acomodadas. A/os/As

EXPRESSÕES IDIOMÁTICAS

Sugestão de respostas:

1. Aos apressados: "Para conseguir o que se quer, é necessário calma e paciência".
2. A um veterinário cujos cães estão maltratados e doentes: "Todos pensam que os profissionais cuidam dos seus, antes de cuidar dos outros, mas nem sempre isso acontece".
3. A uma pessoa um pouco lenta: "É preciso ser um pouco mais rápida, se não você fica para trás".
4. Às pessoas que desprezam coisas velhas: "As coisas velhas são bem mais resistentes e boas do que as modernas".

UNE, DUNE, TÊ, A ESCOLHIDA FOI VOCÊ!!!

1. composição
2. ascensão
3. suspensão
4. apreensão
5. compensação
6. extensão
7. exposição
8. tensão
9. interpretação
10. compreensão
11. detenção
12. obtenção
13. execução
14. armação
15. explicação

UNIDADE 9

1. Sugestão de respostas:

Oi, Lívia e Larissa. Como vão?
Esta é minha casa nova.
Ela não é mesmo linda?
Eu a comprei nos Alpes da Cantareira, em São Paulo.
Os quartos são muito espaçosos e confortáveis.
O jardim é bastante florido e a garagem é enorme.
Cabem 6 carros.
Vocês nem imaginam o tamanho da casa!
Ela fica perto das montanhas e longe da poluição.
À direita da casa, você pode ver um lindo parque florestal, e, à esquerda, um lago. É realmente incrível!
As crianças adoraram a piscina.
Nós vamos nos mudar daqui a duas semanas.
Um beijo, Sílvia, Carlos, Gabriela e Mateus.

2.

(4) com facilidade - facilmente
(5) com carinho - carinhosamente
(3) com tranqüilidade - tranqüilamente
(6) com ironia - ironicamente
(1) com cuidado - cuidadosamente
(2) com rapidez - rapidamente

3.

1. ao lado do vaso
2. em cima do vaso
3. embaixo do vaso
4. atrás do vaso
5. na frente do vaso

4. Sugestão de respostas:

D. Neusa: Oh, meu Deus! Você ainda me pergunta qual é o problema?...
Pedreiro: Não dá não! A pressão da água está muito forte. Nossa! Os canos estão todos rachados. ...
Pedreiro: Fique tranqüila, Dona Neusa. Se Deus quiser, vou terminar tudinho até amanhã.

5.

1. a
2. b
3. a
4. b
5. b

6. Sugestão de respostas:

Eletrodomésticos	Partes da casa
1. aspirador de pó	1. despensa/lavanderia
2. espremedor de suco	2. cozinha
3. ferro de passar	3. lavanderia
4. fogão	4. cozinha
5. torradeira	5. cozinha
6. máquina de lavar roupa	6. lavanderia
7. liquidificador	7. cozinha
8. rádio	8. quarto/sala
9. geladeira	9. cozinha
10. televisão	10. sala/quartos...

7.

8.

1. (1)	6. (3)	11. (2)
2. (2)	7. (3)	12. (1)
3. (2)	8. (1)	13. (3)
4. (1)	9. (1)	14. (3)
5. (2)	10. (1)	

9.

1. de cor	6. bem
2. em vão/à toa	7. pior
3. às pressas	8. devagar
4. frente a frente	9. melhor
5. passo a passo	10. Em geral

10. Sugestão de respostas:

1. Ontem fui demitido.
2. Fui aprovado no teste.
3. Sim. Vou ser pai.
4. Não consegui fechar o negócio.
5. É que ouvi tantas opiniões diferentes que agora não consigo decidir.

11. Sugestão de respostas:

a. Da casa de Milena à lavanderia

(1) à direita	(4) à sua direita
(2) o semáfaro/farol	(5) entre
(3) vire à esquerda	(6) antes

b. Da lavanderia à casa de Paula

Siga em frente até o farol e vire à direita e vá até o final. Quando chegar à rua 13 de maio, vire à direita e vá em frente. A casa da Paula fica no final da rua, logo após a escola, à sua direita.

c. Da casa de Paula à livraria

Vá sempre em frente e vire à primeira direita e logo à direita novamente. A livraria fica no primeiro quarteirão, na esquina da rua Canário com a avenida Manoel da Nóbrega.

12.

1. José falou que não tinham verba pra isso.
2. Rita então disse que tinham que dar um jeito. E que já não estava dando mais conta do serviço de casa.
3. José perguntou se não podiam esperar até o fim do ano.
4. Rita disse que, até lá, já estaria morta de cansaço.
5. José então falou que, quando o seu curso da faculdade terminasse, poderia ajudá-la mais.
6. Rita perguntou que serviço doméstico ele sabia fazer.
7. Finalmente, José respondeu que nunca era tarde para aprender.

EXPRESSÕES IDIOMÁTICAS

1. (c) 2. (d) 3. (a) 4. (b)

UNIDADE 10

1.

poderia	Sou eu mesmo	Aqui é	Pois não.
Sem problemas.	possam	Tudo bem.	Seria ótimo.
faça	De maneira alguma.	obrigado	Não há de que.

2. Sugestão de respostas:

A: Gostaria de falar com Toni.
B: *Quem gostaria?*
A: Léo.
B: *Como? Pode repetir?*
A: *Leonardo Lopes, da loja de móveis.*
B: *Um momento, por favor.*
C: Alô. Sou Toni, pois não.
B: *Toni, aqui é o Leo, da Tauros.*
C: O que deseja?/Pois não, o que gostaria?
B: *Necessito da confirmação do local de entrega.*
C: Pode ser tanto no escritório quanto em casa.
B: *Então, entregaremos em sua casa. Obrigado e até logo.*

3.

Respostas pessoais.

4.

A mala não chegou

Não há jeito pior **de** começar ou terminar **uma** viagem. Tente resolver a situação **com** a companhia aérea, **no** guichê que fica **ao** lado da esteira. Guarde **as** notas fiscais **de** tudo o que você tiver de comprar enquanto **a** mala não for localizada, pois **a** empresa, de acordo com o Código de Defesa do Consumidor, tem obrigação **de** reembolsar **os** gastos **de** emergência **com** produtos **de** higiene pessoal ou vestuário. Se **a** bagagem não for encontrada **no** prazo **de** trinta dias, **o** passageiro pode recorrer **ao** Departamento de Aviação Civil, **ao** Procon ou **ao** Juizado Especial Civil. Uma convenção internacional determina **o** valor **do** reembolso; cerca **de** 60 reais por quilo.

5. Sugestão de respostas:

1. Cara Srta. Priscila Torres,
Gostaria de confirmar a presença do Sr. Pedro Alcântera no *cocktail* que se realizará no dia 17.
Grata,

____
seu nome

2. Cara Dra. Paula,
Gostaria de cancelar a consulta do Sr. Pedro Alcântera, agendada para o dia 18 deste mês às 15h30. Seria possível remarcá-la para as17h30 do mesmo dia?
Aguardo a resposta.
Atenciosamente,

____
seu nome

3. Caro Sr. Marcos,
Gostaria de comunicá-lo que a reunião das 15h foi cancelada. Assim que tivermos nova data, entraremos em contato.
Grata,

____
seu nome

6. a.

Ontem o Sr. Salvador...
1. leu todo o jornal.
2. cuidou do jardim.
3. foi ao banco às 10h da manhã.
4. jogou dominó.
5. almoçou em casa.

Antigamente ele...
1. saía bem cedo de casa.
2. dirigia mais de 60 km por dia.
3. lavava o carro.
4. recebia bastante gorjeta.
5. conversava com os estrangeiros.

b.

1. O Sr. Salvador foi ao banco às 10h da manhã para receber o pagamento da aposentadoria.
2. Leu todo o jornal e cuidou do jardim, só na parte da manhã.
3. Almoçou em casa e comeu uma deliciosa macarronada.
4. Jogou dominó com os amigos na pracinha.
5. Dirigia mais de 60 km por dia, atrás de boas corridas.
6. Lavava o carro toda semana, pois ele tinha que estar impecável.
7. Recebia bastante gorjeta, principalmente dos turistas.
8. Conversava com os estrangeiros, por isso aprendeu um pouco de várias línguas.
9. Saía bem cedo de casa, quase de madrugada.

7.

1. Os pinhões já foram descascados.
2. O bolo de fubá ainda não foi feito.
3. As barracas ainda não foram montadas.
4. O vinho já foi aquecido.
5. As maçãs-do-amor já foram caramelizadas.
6. Os fogos ainda não foram soltos.
7. A quadrilha já foi ensaiada.

8. a.

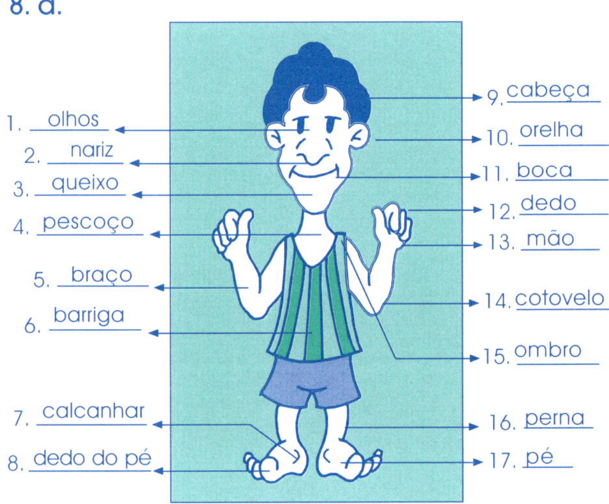

9.

1.	olho	6.	olho
2.	cara	7.	pé
3.	pé	8.	costas
4.	mãozinha	9.	boca
5.	pé	10.	boca

10. Sugestão de respostas:

1. Certamente ela vai adorar o mar.
Talvez ela fique impressionada com a imensidão do mar.
Se ela não tiver medo das ondas, vai adorar sua primeira experiência de banho de mar.

2. Certamente ele vai ter de estudar uma segunda língua para conseguir um bom emprego.
Talvez ela não se interesse muito por idiomas.
Se ele estudar, conseguirá aprender logo, pois é muito inteligente.

3. Certamente sua mãe vai ficar muito preocupada.
Talvez ele consiga pegar uma carona com algum colega.
Se ela tiver sorte, poderá pegar o trem que sairá em dez minutos.

4. Certamente elas vão se lambuzar.
Talvez elas queiram mais um sorvete.
Se elas não beberem água depois de chuparem o sorvete, poderão ficar resfriadas.

5. Certamente ela vai tirar uma boa nota.
Talvez ela queira dormir quando chegar em casa.
Se ela for bem na prova, não vai ficar de recuperação.

MÃOS À OBRA!

Ruberval – o síndico, em...
"A Pauta de hoje"

1. "Boa noite! Temos que conservar **mais** as áreas comuns do prédio. E os animais de estimação são **certamente** os primeiros da lista. As crianças não devem **absolutamente** levar seus cães ou gatos, sem coleira, para passear no pátio. A porta de vidro da entrada deve estar sempre bem sinalizada pra evitar futuros problemas. Temos que trocar **logo** os capachos, próximos ao elevador, pois algumas crianças já tropeçaram. E os toldos deverão ser lavados por uma empresa especializada, e...

2. 1. Os capachos têm que ser trocados.
   2. Uma empresa especializada será chamada para lavar os toldos.
   3. As áreas comuns do prédio têm que ser conservadas

EXPRESSÕES IDIOMÁTICAS

1. a (Pedro) 2. d (Luís) 3. c (Helena) 4. b (Sandra)

1. Sugestão de respostas:

Fábio: Gostaria de fazer a matrícula do meu filho.

Fábio: Sim. Estão aqui.

Fábio: Quantas fotos são?

Fábio: De que tamanho?

Fábio: Hoje é o último dia para fazer a matrícula?

Fábio: Então, tem algum lugar para tirar foto aqui perto?

Fábio: Até que horas vocês estão atendendo?

Fábio: Vou levar meu filho para tirar a foto e já volto.

Fábio: Mas, vocês não têm máquina de xerox?

2.

1. quem	5. quantas
2. onde	6. cujo
3. em cuja	7. a qual
4. que	8. as quais

3. Sugestão de respostas:

1. Se eu tivesse saído mais cedo de casa, teria chegado a tempo.
2. Eles não têm pago as contas há dois meses.
3. Eu tinha preparado o relatório, mas esqueci em casa.
4. Quando eu retornar à América, terei aprendido um idioma estrangeiro.
5. Eu tinha aceitado o convite, mas depois mudei de idéia.
6. Eles têm ido ao médico todos os anos.
7. Se ela tivesse parado de fumar, não estaria com esse problema.
8. Nós temos feito ginástica todas as manhãs.

4. 1, 6, 2, 4, 3, 5.

5.

a. Renato Aragão, que é um famoso comediante, foi eleito embaixador da UNICEF no Brasil.

b. São Luís está situada no Nordeste, onde a colonização foi feita pelos franceses.

c. Foi a Princesa Isabel quem assinou a Lei Áurea, libertando todos os escravos no Brasil.

d. Barretos, onde se realiza o maior rodeio do Brasil, fica no interior de São Paulo.

e. Brasil, onde o sistema de governo é a democracia, elege o seu presidente a cada 4 anos.

7.

a. (ir) (ser) (ser) (ser) (ser)
b. (ir) (ser) (ser) (ser) (ir)
c. (ser) (ir)
d. (ir) (ser)
e. (ir) (ser) (ir)

8.

A: Olha lá, Zeca. Que **mulherão**, hein?

B: *Quem?*

A: Não vá dizer que você não está vendo aquela **gatinha** bem ali?

B: *Espere um* ***pouquinho*** *que vou procurar meus óculos.*

A: O que aconteceu, cara? Você ficou lá dentro de casa um **tempão**.

B: *É que eu resolvi tomar um* ***cafezinho****. Meu* ***amorzinho*** *faz um café delicioso. E também aproveitei para chamar minha filha. Esta é Fernanda.*

A: Eh, ah... Muito prazer. Que **menininha** linda.

B: *Obrigado. Sabe, minha filha... Raul é o* ***velhinho*** *mais simpático do escritório.*

9. Sugestão de respostas:

- Tente não levar trabalho para casa.
- Crie uma rotina com seus filhos (horários para estudo, lazer...)
- Matricule-os numa escola de natação, música, etc.

10. Sugestão de respostas:

- Se eu não tivesse escolhido o curso de informática, estaria ganhando um melhor salário.
- Se eu tivesse participado daquele bolão, estaria rico.
- Se eu não tivesse concordado que minha esposa voltasse a trabalhar, as crianças não teriam que ficar o tempo integral na escola.
- Se eu tivesse ficado em Salvador, teria uma vida melhor.
- Se eu não tivesse comprado um carro zero, poderia ter dado entrada num apartamento.

11. Sugestão de respostas:

1. Eu tinha ido ao aeroporto.
2. Se até o final do mês eu tiver ido ao consulado, trarei.
3. Teria ido se tivesse tido tempo.
4. Se você tivesse ido ao aniversário do Eduardo, a teria encontrado.
5. Às quatro horas. Até lá, já terei ido ao banco.

MÃOS À OBRA!

Ruberval – o síndico, em...
'A Pauta de hoje'

1.

'Esta sessão extraordinária está acontecendo, pois precisamos falar de um assunto **bastante** urgente: capacitar **melhor** nossos funcionários: vigias, zelador e até faxineiros, para que possam, cada vez mais, nos oferecer tranqüilidade. Sendo assim, tomaremos uma medida **imediatamente**: **primeiramente** todos irão assistir a um seminário de comportamento e segurança, em seguida, farão um treinamento intensivo'.

2. Sugestão de respostas:

a. Espero que os funcionários aproveitem o seminário.
b. Desejo sinceramente que tenhamos segurança e tranqüilidade.
c. Tomara que este seminário e o treinamento dêem bons resultados.

1.

A: Você vai mesmo tomar esse **remédio**?

B: *Ué, qual é o problema? Eu já li a **bula** e não tem nenhuma **contra-indicação**.*

A: Bem, eu tenho minhas dúvidas. Acho melhor você marcar uma **consulta** com o Dr. Jorge pra ver o que ele acha.

B: *Dr. Jorge? Ele não atende mais pelo meu **convênio**.*

A: Nossa, Rute! Você está pálida. Você está piorando, não está?

B: *Acho que minha pressão está caindo...*

A: Agüenta aí! Vou chamar uma **ambulância** pra levarem você a um **pronto-socorro**.

B: *Mas a esta hora? Já são 3h da manhã.*

A: Com certeza há médicos de **plantão** que vão saber o que fazer pra você se sentir melhor.

2.

1. Estamos **à** disposição para sanar quaisquer dúvidas.
2. O desconto **à** vista era pequeno, por isso preferi comprar a prazo.
3. Saímos **às** onze horas e chegamos **à** uma hora em ponto.
4. Fomos **à** banca, mas não encontramos D. Lurdes. Disseram que ela só chegaria **à** tarde.
5. Estou **à** procura de ajuda, mas, **às** vezes, acho que nunca vou encontrar.
6. Não gosto de assistir a filme de terror **à** noite, pois sempre tenho pesadelos.
7. Fiquei frente **à** frente com a diretora, mas não a reconheci.
8. Depois de visitar a França, vou **à** Itália e a Roma.
9. A peça começa daqui a duas horas.
10. Gostaria de agradecer **àqueles** que muito colaboraram com a campanha do agasalho.

3.

1. Pedro atropelou o cão **cujo** dono era seu vizinho.
2. Não conheço Campos de Jordão, **onde** os noivos passaram a lua-de-mel.
3. As primas de Cíntia **que / as quais** vieram para o Brasil moram no Canadá.
4. Perdi a palestra **que / a qual** tratava da ISO 9000.
5. Você é o médico **que / o qual** deu alta pra minha mãe?
6. Esses são os pobres cães **que / os quais** foram pegos pela carrocinha.

4.

A: Oi, Vanessa. Você viu <u>a Rita</u> por aí?

B: *Eu **a** vi perto da cantina, mas por quê?*

A: Porque eu **lhe** pedi para trazer <u>o gravador</u> pra aula de inglês.

B: *Eu não **o** vi com ela, não.*

A: Mas ela disse que ia trazê-**lo** sem falta.

B: *Se ela realmente **o** esqueceu, é só pedir <u>para as senhoras</u> da locadora. Elas são muito legais.*

A: Ah, mas de novo! Eu já **lhes** pedi a semana passada.... Não tem jeito. A Rita se esqueceu mesmo de trazer o gravador. Será que <u>as senhoras</u> estão lá agora?

B: *Ih! Eu acabei de me lembrar de que hoje cedo eu não **as** vi. Era um garoto que estava lá. Ele me disse que as senhoras tinham tirado o dia de folga.*

A: Dia de folga ? Mas justo hoje?!

5. Sugestão de respostas:

1. (estímulo) Firme ! Continue **tentando**.
2. (alívio) Ufa ! Que bom **que você chegou**.
3. (desejo) Tomara que **não chova.**
4. (cansaço) Uf! Não vejo a hora de **chegar em casa**.
5. (silêncio) Psiu! As crianças **estão dormindo**.
6. (surpresa) Puxa! Eles realmente **vieram ao meu aniversário**.
7. (alegria) Oba! Eu já **passei de ano**.
8. (dor) Ai! Como eu consegui **deixar cair isto no meu pé**.
9. (medo) Cruzes! Tire esta **barata de perto de mim**.
10. (afugentando) Fora! Não **se aproxime.**

6.

1.

a. **Dê** um sinal de luz ou **toque** a buzina pra deixar claro que ele cometeu um erro.

b. Não **faça** nada, mas se tiver oportunidade mais adiante, **devolva** a afronta com uma manobra arrojada.

c. **Fique** irritado mesmo, mas, por favor, **reduza** a velocidade e **siga** seu caminho.

2.

a. **Buzine** pra chamar a atenção do pedestre, **pergunte** em tom de brincadeira se ele quer morrer, **desvie** dele e **siga** o seu caminho.

b. **Acelere** um pouco, e **dê** um susto no pedestre pra que ele tome mais cuidado na próxima vez.

c. **Pare** e **espere** que ele passe, **dirija**-lhe apenas um olhar de repreensão.

7. b.

1. Serra Negra é chamada de Cidade da Saúde devido ao seu clima de montanha, ameno e oxigenado, suas fontes de águas minerais e sua exuberante beleza natural.
2. Propriedades radioativas indicadas para vários tipos de tratamento.
3. Resposta pessoal.

c. Vocabulário

1. bragantino 2. coreto 3. exuberante

8.

C	Y	R	E	T	C	V	B	A	Q	E	R	W	V
N	L	O	T	G	H	H	J	P	U	E	Q	W	E
A	S	S	W	E	R	G	G	S	K	P	R	T	U
C	X	Z	W	A	Q	D	F	I	E	E	M	J	L
I	H	C	V	B	N	M	R	C	W	D	Q	V	B
D	E	R	M	A	T	O	L	O	G	I	S	T	A
C	V	B	T	Ú	I	B	P	L	R	A	A	E	T
B	C	N	R	T	E	S	W	O	Z	T	Q	M	I
N	W	F	G	H	J	T	J	G	K	R	R	E	Q
H	X	C	V	B	R	E	W	O	A	A	E	T	U
E	U	I	O	S	A	T	X	C	B	N	T	R	Q
G	X	W	A	S	N	R	M	U	I	O	O	T	Q
T	X	G	E	R	I	A	T	R	A	B	R	T	E
U	A	B	C	D	E	F	G	H	I	J	K	L	M

1. dermatologista
2. obstetra
3. pediatra
4. geriatra
5. psicólogo

9.

1. a 2. a – Formas corretas: Informei-o do acontecido ou Informei-lhe o acontecido. 3. a 4. a 5. b

10.

1. mas 2. de 3. sem 4. à 5. de 6. de 7. em 8. do 9. das

11.

1. Tomo
2. Como
3. Evito
4. Bebo
5. Bebo
6. Pratico
7. Evito
8. Sou
9. Dedico
10. Durmo
11. Não me sinto
12. Acredito
13. Vejo
14. Faço
15. Tenho

Marque: (0) Raramente ou nunca
(1) Algumas vezes (2) Freqüentemente

MÃOS À OBRA!

Ruberval – o síndico, em...
'A Pauta de hoje'

1.

1. muito 2. sempre 3. realmente 4. facilmente

2.

a. Você **os** vacinou na última campanha de vacinação?
b. Você **a** convenceu a divulgar a campanha?
c. Você **lhes** entregou os panfletos?
d. Você **lhe** pediu ajuda para fixar os cartazes?

1. a.

1. a 2. c 3. b

b. Sugestão de respostas:

1. Discuti com um dos meus colegas de trabalho. Vou deixar a poeira baixar e depois vou chamá-lo para, de cabeça fria, chegarmos a um acordo.
2. Estava certa de que seria promovida. Caí do cavalo. Só o Alfredo foi promovido.
3. Por serem meus diretores, não retruquei. Engoli sapo ao ouvir tanta bobeira e me calei.

2. Sugestão de respostas:

1. Fui ao banco e coloquei umas cartas no correio.
2. Não o ofendemos nem o elogiamos.
3. Você quer sair ou quer ficar em casa?
4. Não li direito as instruções, por isso não consegui ligar o aparelho.
5. Compramos as passagens aéreas porque vamos viajar nas férias.
6. Fiz tudo sem ajuda, mas consegui me sair bem.

3. 6, 9, 4, 7, 1, 8, 3, 2, 5.

4.

1. porém
2. nem
3. como
4. já que
5. embora
6. que
7. como também
8. pois
9. portanto
10. à medida que

5.

Respostas pessoais.

6. Sugestão de respostas:

1. Poderia trabalhar como guia de turismo.
2. Faria muitos planos de aposentadoria privada.
3. Incentivaria o Turismo Ecológico.
4. Procuraria achar um rio e seguiria o seu curso.
5. Perguntaria se algum cliente perdeu alguma soma e de quanto ela seria.
6. Viveria mais despreocupadamente.
7. Pediria muito dinheiro e muita proteção.
8. Viajaria mais e passaria mais tempo com a minha família.
9. Eu o levaria a uma delegacia de menores.
10. Diria que estava sob rigoroso regime alimentar e não comeria nada.

7.

2. Sim, disse que tinha terminado a faculdade há cinco anos.
3. Ela disse que seria entrevistada porque queria fazer o curso de pós-graduação em Economia naquela universidade.
4. Disse que, se ela tiver conseguido o título de Mestre, dará aula numa universidade do seu país.
5. Sim, disse que tinha ido conversar com o professor no dia anterior à entrevista.
6. Não. Disse que tinha vindo com o marido e o filho.
7. Disse que ele ficaria quatro anos.
8. Ele disse para que ela ligasse para a secretária.

8.

1. débito automático
2. fila
3. guichês
4. caixa eletrônico
5. cartão magnético
6. investimento

9.

1. impressora
2. salário
3. cheque
4. férias
5. cofre
6. licença
7. grampeador

B	H	R	E	S	W	C	V	B	N	M	K	U	I
A	P	O	S	E	N	T	A	D	O	R	I	A	O
D	F	I	M	P	R	E	S	S	O	R	A	G	Y
C	V	R	T	S	A	L	A	R	I	O	T	R	E
R	C	H	E	Q	U	E	R	G	H	J	U	I	O
H	G	D	T	U	I	F	E	R	I	A	S	E	R
W	Q	U	Y	K	C	O	F	R	E	Y	U	I	O
B	N	L	I	C	E	N	Ç	A	W	R	T	Y	U
B	G	R	A	M	P	E	A	D	O	R	E	R	G
F	R	T	U	I	O	P	H	S	Z	X	C	D	A

10.

CARTA COMERCIAL

Sugestão de resposta:

A Tapetes Soares

Conforme a sua solicitação, estamos enviando o nosso mostruário da nova linha de fibras sintéticas juntamente com a nossa tabela de preços.
Gostaria de salientar que do corrente mês a validade da tabela é até o dia 30/06 ou até o fim de nosso estoque, o que ocorrer primeiro.

Atenciosamente

Carlos Silva

1. a.

1. (a)
2. (c)
3. (b)
4. (d)

b.

a. (4) Quero esconder a minha indecisão.

b. (1) Prefiro não me comunicar.

c. (2) Quero me proteger, fecho-me para não ser atingido.

d. (3) Sou contra isso!

2.

Resposta Pessoal.
(Sempre, normalmente, às vezes, raramente, quase nunca, nunca...)

3. Sugestão de respostas:

1. A: Só vou entregar/entregarei a mercadoria se você trouxer os documentos.
2. A: Só vou poder/poderei atendê-la se vier cedo.
3. A: Só vou levá-lo ao cinema se não chover.
4. A: Só irei à festa se você for.
5. A: Só viajaremos/vamos viajar se você melhorar.

4. Sugestão de respostas:

Panelinhas Corporativas: amigos, companheiro, colegas, conchavo, injustiça, ciúme...

5.

PONTUAÇÃO
A: 3 pontos
B: 0 pontos
C: 2 pontos
D: 1 ponto

RESULTADOS

12 A 18 pontos: sua empresa é uma panelinha só. Cuidado, isso é um perigo.

6 a 11 pontos: a sua empresa tem panelinha, mas nada que não seja normal.

1 a 5 pontos: na sua empresa existe uma excelente relação entre os funcionários. Aproveite, isso é muito difícil de acontecer.

6.

1. O anúncio C, engenheiro mecânico, oferece as melhores condições. São elas: todos os benefícios de uma empresa de grande porte, tais como: assistência médica completa, ticket restaurante, vale transporte, cesta básica e prêmio sobre produção.

2. O anúncio C, engenheiro mecânico, não exige tempo de experiência.

Sugestão de respostas:

3. O emprego da firma A oferece o menor salário inicial.
4. O emprego da firma B exige mais tempo de experiência do que as firmas A e C.
5. A emprego da firma C oferece melhores condições do que as firmas A e B.
6. Resposta pessoal.

7.

1. Teresa é simpaticíssima
2. Ana e Lúcia são amicíssimas
3. Ficou branquíssima
4. Estão baratérrimos
5. Fez o máximo esforço
6. Era magérrima porque comia pouquíssimo

8. b.

1. O objetivo do Feng Shui é criar um ambiente saudável, equilibrado e em harmonia com a natureza.

2. Uma vez que o Feng Shui redireciona os fluxos de energia num ambiente, transformando-o em um local sereno e em harmonia com as poderosas forças universais, ele, automaticamente, nos proporciona um ótimo bem-estar e vantagens em nossos esforços pessoais e profissionais.

c. Sugestão de respostas:

Exemplo: ***sufixo* - ico**	***energético***	***prático***	***fanático***	***frenético***
prefixo - **re**	redirecionar	redistribuir	refazer	reavaliar
sufixo - **ista**	acumputurista	motorista	artista	avalista
sufixo - **vel**	saudável	amável	inflável	inflamável
sufixo - **dade**	habilidade	flexibilidade	criatividade	pontualidade
sufixo - **gem**	vantagem	colagem	amostragem	bobagem
prefixo - **in**	incomensuravelmente	incolor	invencível	incontestável

9.

Horizontais:
1. ESTÁGIO
2. RESIDÊNCIA
3. BICO
4. INTEGRAL

Verticais:
1. TEMPORÁRIO
2. SUPLÊNCIA
3. FIXO
4. PLANTÃO

CARTA COMERCIAL

Sugestão de Resposta:

À Torre de Babel Idiomas,

Solicitamos, com urgência, um orçamento para aulas de inglês e espanhol para os funcionários de nossa empresa. As aulas deverão ser ministradas in-company, no período da manhã, entre 7h e 9h30, ou no horário do almoço, entre 11h30 e 14h.
Gostaríamos também de obter informações sobre o Curso de Português para Estrangeiros. Estaremos recebendo, na próxima semana, alguns ingleses e franceses que virão, com suas famílias, morar no Brasil, por dois anos. Essas aulas deverão ser dadas, em horários a combinar, na casa ou hotel onde estarão hospedados, na região do Morumbi.

Atenciosamente,

____

Antônio Vasques
Diretor de Recursos Humanos

1.

1. espalhados 2. memorando 3. prioridade 4. minimizar 5. prazo

b.

Palavras do texto	Prefixo/sufixo	Significado do prefixo/sufixo	Outras palavras com o mesmo prefixo ou sufixo
1. monumental	-al	formar o adjetivo	genial, fenomenal, infernal
2. diariamente	-mente	formar o advérbio	calmamente, claramente, anualmente, seriamente
3. desorganizado	-des	negação, ação contrária	desordem, descalçar, desnecessário, desonesto
4. urgente	-ente	formar o adjetivo	atraente, persistente, aparente
5. arquivamento	-mento	formar o substantivo	conhecimento, aborrecimento

2.

1. platéia / elenco
2. multidão
3. orquestra
4. fauna
5. flora

3.

1. a féria
2. nas costas
3. Letras
4. o vencimento/ foi prorrogado
5. seus bens indisponíveis

4. Sugestão de respostas:

1. 'Quantos peixes passaram próximo ao veleiro!'
2. Um monte de abelhas foi a causa da cicatriz em seu rosto.
3. Todos os atores e atrizes estão de parabéns! Apresentaram-se muito bem.
4. O grupo de parlamentares (deputados e senadores) se reuniu para definir o futuro dos animais e das florestas do país.

5.

alemães / portugueses / brasileiros

6.

1. Disseram
2. Demoraram
3. Falaram
4. precisam
5. perguntaram
6. chamarão

7. Sugestão de respostas:

1. Por favor, poderia ligar o ar-condicionado?
2. Tem/Há alguém sentado aqui? / Tem/Há alguém ocupando este assento? Este lugar está vago?
3. Será que eu poderia usar o telefone?

8.

1. Miriam disse para Márcia trazer no dia seguinte o livro e os CDs porque ia usá-los na aula de quinta-feira.
2. Edson escreveu para Júlio dizendo que não iria ao escritório na sexta, porque tinha surgido um imprevisto e ia ter que viajar para o Rio. Disse que ligaria assim que voltasse.
3. Eduardo disse para a profª Sílvia que tinha feito boa viagem aos Estados Unidos e que tinha sido bem recebido pela família americana. Ele disse também que ia ser uma ótima experiência e esperava voltar fluente em inglês.

9.

A: Você viu **a** (2) Márcia?

B: Não **a** (3) vi hoje, mas ela disse **a** (1) meu pai que ia **a** (1) Brasília.

A: Mas acho que ela cancelou **a** (2) viagem devido **ao** (1) mau tempo.

B: Quer que eu peça **a** (1) ela que telefone pra você?

A: Bom, se você **a** (3) encontrar, diga **a** (1) ela que telefone **a** (1) João. Ele estava querendo falar com ela.

B: Se ela não viajou **a** (1) Brasília, vou convidá-la (3) para assistir **a** (1) um filme. Vou **à** (1+2) casa dela agora. Ela mora pertinho daqui.

A: Espero que **a** (3) encontre. João parecia desesperado, querendo falar com ela.

10.

1. **Pensáramos** que você não pudesse ajudar.
2. Júlia **imaginara** que estávamos ricos.
3. Sempre se soube que ele **levara** uma vida de economia e moderação para conseguir sobreviver com aquela aposentadoria tão miserável!
4. Nada puderam fazer, pois o menino **obtivera** permissão dos pais.
5. Como não **conseguira** o visto, teve que desistir da viagem aos Estados Unidos.

11.

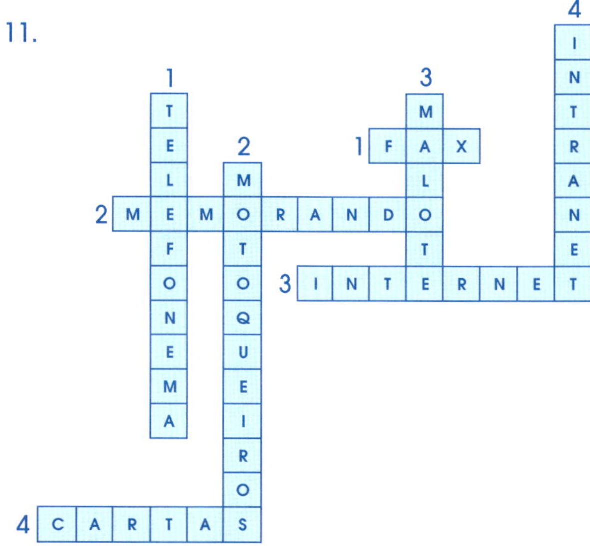

CARTA COMERCIAL

12. Sugestão de resposta:

À Agência de Viagens ______________

Gostaria de registrar aqui o meu descontentamento com os serviços prestados por vocês, no período de 7 a 12 de janeiro de 2000, em uma viagem a Nova York.
Primeiramente, já no aeroporto, tive que aguardar todos os passageiros embarcarem, para ver se iria sobrar um assento para que eu pudesse embarcar, pois sua agencia nao tinha confirmado meu lugar no vôo.
Ao fazer a reserva, sem confirmar, vocês não informaram à companhia aérea o meu número de cliente preferencial, o que poderia ter evitado um transtorno maior no momento do embarque.
Para piorar a situação, quando cheguei a Nova York, notei que meu apartamento era para fumantes, sendo que, por ser alérgico a cigarros, minha primeira solicitação tinha sido exatamente o contrário. Tentei mudar de quarto, mas o hotel estava lotado.
E mais, além do café da manhã não estar incluso na diária do hotel, não havia também nenhum tipo de transporte organizado para a ida ao aeroporto na volta ao Brasil. Esperei quase 40 minutos pela chegada de um táxi.
Sendo assim, quero salientar a minha total insatisfação com os serviços prestados.

Sem mais,

____

Marcos Jacob

1. a.

na
pelo
dos
nas
dos

b.

1. As cores verde-limão e rosa choque devem ser evitadas.
2. É vetado o uso de colares e gargantilhas.
3. Não é recomendado usar blusas de alças e decotes.

2. Sugestão de respostas:

Daqui a dez anos...

terei recebido uma ótima promoção no trabalho.

não estarei mais morando num apartamento. Terei comprado uma casa bem espaçosa.

terei viajado por toda a América Latina.

já terei tido três filhos.

não estarei mais dirigindo este meu carro antigo. Já terei comprado um carrão.

3.

1. Não se aborreça, **porque** isso passa logo.
2. Só **porque** não fui à casa dele, ficou muito bravo comigo.
3. Você não saiu ontem, **por quê**?
4. **Por que** cheguei tão tarde? Quer saber **por quê**?
5. Sabe **por que** ela não veio?
6. Desconheço o **porquê** de sua recusa.
7. Sempre saio a essa hora, **porque** não posso me atrasar.
8. Nem o governo sabe o **porquê** da inflação.
9. Ele não vai à festa, **por quê**?

4.

1. O goleiro não defendeu o pênalti, pois estava **mal** posicionado.
2. Como é desastroso ter um **mau** administrador.
3. A patroa recebia a empregada sempre de **mau** humor.
4. Não confunda o bem com o **mal**.
5. Ricardo nem sempre foi um **mau** aluno.
6. Eles começaram a sentir-se **mal** logo após o almoço.

5.

1. Brigaram muito, **mas** continuam amigos.
2. Todas as amizades **más** devem ser evitadas.
3. Andou comendo **mais** do que devia?
4. Esta é a flor **mais** bonita que já vi, **mas** dura tão pouco!
5. Hoje compramos **mais** verduras e menos frutas.
6. Tivemos aumento salarial, **mas** a inflação foi maior.

6.

Porto Seguro, 15 de novembro de 2000

Querida Bete,

Estamos aqui **há cerca** de uma semana. Viemos para cá **a fim de** de descansar e dar belos mergulhos nesta praia abençoada, mas até agora não tive a chance de dar **sequer** um mergulho. Mas a paisagem é **demais**! Em meio a este ambiente natural, lembrei-me de você. Com certeza, você adoraria este lugar! Quando tiver oportunidade, não deixe de vir conhecer este paraíso. Estou tirando um monte de fotos pra te mostrar.

Beijos da sua amiga Lu.

7.

Há muitos anos, em um país distante, **aonde** nenhum ocidental ousou chegar, havia um príncipe. Ele tinha 17 anos, mas **à medida que** ia crescendo, aumentavam suas dúvidas quanto ao seu modo de vida, pois estava **a par** das dificuldades pelas quais passavam seus súditos. Resolveu largar tudo e viver por algum tempo em meio ao seu povo. Os reis, seus pais, sabiam que **se não** lhe dessem permissão, o filho seria eternamente infeliz. Depois de algum tempo, tendo já assimilado o modo de vida do seu povo, o príncipe se tornou feliz. As dificuldades iam **ao encontro do** que buscava: algo por que lutar, pessoas a quem ajudar e a satisfação de ter feito algo para melhorar o mundo.

8.

1. paga
2. feito
3. enxuto
4. aceitado
5. sido
6. pegado

9.

	VERBO	a	b
Exemplo:	*ter*	*tivesse*	*tiver*
1.	ir	for	fosse
2.	ser	fosse	for
3.	vir / ir	vier / for	viesse / fosse
4.	ver	visse	vir
5.	trazer / ter	trouxesse / tivesse	trouxer / tiver

10. a.

desconhecida – renomada
antiga – moderna
melhor – pior
maior – menor
corajosa – covarde
eficaz – ineficaz
experiente – inexperiente
inexpressiva – expressiva
frágil – forte

b. Adjetivos que restaram:

séria ousada importante criativa

11. Sugestão de respostas:

1. a. exemplo
   b. Por que você não telefona para o restaurante e pergunta se alguém achou alguma pasta?
   c. Eu acho que você deveria ir primeiro, ver como as coisas funcionam e depois, então, levar a sua família.

2. a. Essa é uma ótima idéia. Assim, eu posso praticar mais o meu português.
   b. Pode até ser, mas eu prefiro ficar num lugar mais confortável. Às vezes, o barato sai caro!

12.

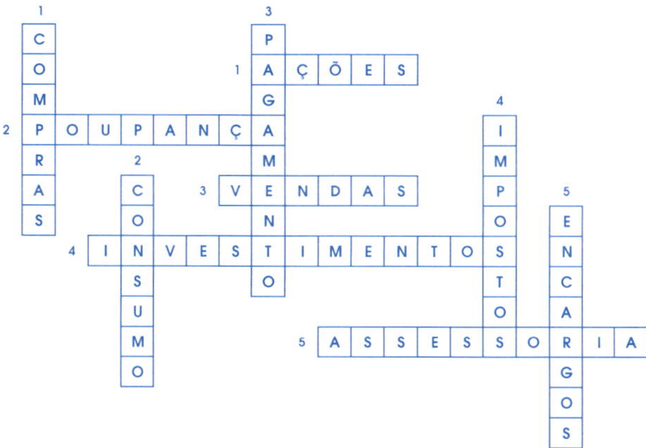

13. Sugestão de respostas:

1. (Formal) falecimento da esposa do Presidente da Empresa;
Destinatário: Ao senhor Gustavo Mendes
Remetente: Carlos Henrique Burim

Caro senhor Mendes,
Expresso, nesta hora tão difícil, meus sentimentos/ meus pêsames. Que Deus proteja e dê muita força ao senhor e à sua família. Conte com esse amigo sempre que precisar. Abraços, Carlos Burim.

2. (Informal) parabéns ao Gerente de RH pela conquista do Prêmio Nacional de Qualidade na Administração de RH;
Destinatário: Mauro Leite
Remetente: Carlos Burim

Caro colega,
Parabéns pelo excelente desempenho que você tem demonstrado ao longo de tantos anos no departamento de Recursos Humanos. Esse prêmio foi, sem dúvida, o reconhecimento de muito esforço e dedicação. Um abraço, Carlos.

3. (Informal) congratulações à sua ex-secretária pelos bons resultados do filho no MBA da GV;
Destinatário: Sra. Regina Soares
Remetente: Burim

Regina, gostaria de parabenizá-la pelos bons resultados que seu filho conseguiu no MBA da Universidade Getúlio Vargas. Espero que ele tenha muita sorte em sua carreira profissional. E tomara que ele siga os ótimos exemplos da mãe: responsabilidade, presteza e agilidade.
Parabéns!
Um abraço, Burim.

4. (Formal) reclamação à área de Administração de Salários pelo atraso no depósito do bônus negociado quando da aposentadoria.
Destinatário: Responsável da área de Administração de Salários
Remetente: Carlos Henrique Burim

Senhores,

Peço-lhes a gentileza de verificarem o motivo do atraso no depósito do bônus negociado anteriormente. O depósito deveria ter sido feito há duas semanas e, no entanto, ainda não foi efetuado e ninguém entrou em contanto para qualquer explicação. Aguardo, ansiosamente, um parecer sobre tal questão. Atenciosamente, Carlos Henrique Burim.

1.

1. chegarão
2. dará
3. vem
4. trará
5. entregarão
6. pedi
7. encomendou
8. será
9. soubesse
10. esqueceu
11. veja
12. comprou

2.

1. cuidar da
2. assisti ao
3. baseiam em
4. Desisto de
5. lutar contra
6. confiar nela
7. acredita na
8. gosta de

3.

1. com
2. ao / ao
3. com
4. de / ao
5. de / à (a)
6. dos
7. de
8. a

4.

a. Necessito de ajuda para prosseguir neste projeto.
b. Não posso determinar com exatidão o horário de sua partida.

5.

1. satisfeita com/dedicação à
2. descontentes com
3. desapontados com
4. bom para
5. fanáticos por/indiferentes a
6. paciência para

6.

a. 1
b. 3
c. 5
d. 2
e. 6
f. 4

7. a.

1. bata
2. despeje
3. junte
4. ponha
5. mexa
6. coloque
7. misture
8. passe
9. polvilhe
10. deixe

b.

ITENS EXCLUÍDOS	GRUPO
1. colher	recipientes para cozinhar
2. televisão	aparelhos elétricos de cozinha
3. farinha	condimentos
4. plantado	modo de preparo de comida
5. suco	bebidas alcoólicas
6. vatapá	doces brasileiros

8. Sugestão de respostas:

1. O queijo-de-minas tem um sexto das calorias do Emmental.
2. Queijo parmesão tem o triplo de calorias do requeijão cremoso.
3. Pão integral tem a metade das calorias do pão de hambúrguer.
4. A lingüiça calabresa tem o triplo de calorias do peito de peru defumado.
5. A coca-cola tem o dobro de calorias da água de coco.

9. MAIS BRASIL – respostas na página 134.

10.

1. Não. Cláudio Torres é estreante no longa-metragem.
2. O espectador cai num turbilhão de reviravoltas fantásticas.
3. Redentor merece *fazer sucesso* nos cinemas.
4. Resposta pessoal. As informações abaixo podem ajudar o aluno a atribuir mais características ao personagem.
   Redentor: conta a história de Célio Rocha (Pedro Cardoso), um jornalista que mora com os pais e com a irmã. Eles deram duro a vida inteira para pagar as prestações de um apartamento, mas caíram no golpe do Dr. Sabóia , empreiteiro que não entregou os 480 apartamentos do Condomínio Paraíso, na Barra da Tijuca. O pilantra morre e deixa para o filho Otávio Sabóia a dívida e o problemão nas mãos. Para piorar, Célio era amigo de infância de Otávio e fora intimado a fazer uma reportagem sobre a falcatrua. Mas quando ele recebe US$ 5 milhões de suborno do entrevistado, acaba pirando e começa a conversar com Deus, incorporado na imagem do Cristo.

Fonte:www.estadao.com.br/divirtase/noticias

11.

1. Houve
2. faz / estava bom
3. É/meia
4. faz
5. era

MÃOS À OBRA!

As instruções de preparo que não dizem respeito à receita são: (em ordem de aparição): 1, 3, 4, 6 e 8.

1.

Título: **Estâncias**

As expectativas do homem moderno, que tem o seu *habitat* nas grandes cidades, voltam-se – e cada vez mais – para a natureza, com a qual identifica o lazer, a <u>recuperação</u> e a alegria. No Brasil, descobre-se que as (1) <u>estâncias climáticas</u> são uma fonte de prazer 365 dias por ano. Os movimentos naturalistas, o medo dos <u>remédios</u> e a fuga da <u>poluição</u> trazem de volta as <u>águas</u> hidrominerais. Se <u>é</u> verdade que os melhores <u>remédios</u> da natureza <u>são</u> o sol e a <u>água</u> – desde que usados adequadamente – uma (2) <u>estância</u> hidromineral <u>é</u> a receita certa para qualquer pessoa. Essas <u>são</u> algumas das causas da <u>revitalização</u> dos serviços termais em todo <u>país</u>. As (3) <u>estâncias também são</u> procuradas pelos mais jovens que começam a curtir a vida <u>saudável</u> junto <u>às</u> montanhas, matas, rios encachoeirados. Seja num fim-de-semana, em sete dias ou numa temporada maior, <u>haverá</u> sempre o que fazer e como divertir-se. <u>Há</u> cidades movimentadas, outras quase exclusivas, algumas oferecem vida noturna, outras a oportunidade de passar o dia praticando esportes. Os <u>hotéis</u>, muito bem aparelhados, possuem <u>saudáveis</u> programas de lazer para crianças. Enquanto isso, os pais podem, com <u>tranqüilidade</u>, vivenciar os <u>benefícios</u> desses verdadeiros *spas e resorts*. Produtoras de queijo, licores, doces, malhas, porcelanas, flores e frutas, algumas (4) <u>estâncias</u> possuem uma infra-estrutura hoteleira e de serviços capaz de realizar grandes eventos e <u>convenções</u> em qualquer <u>época</u> do ano.

2. Sugestão de respostas:

1. Vou levar o maiô para tomar banho de rio, de mar ou de cachoeira, caso tenha um perto do acampamento.
2. Vou levar um protetor solar porque espero que faça bastante sol.
3. Vou levar o mapa para que eu possa achar o caminho facilmente.
4. Vou levar um saco de dormir para que possa usá-lo como cama.
5. Vou levar bastante dinheiro caso surja algum imprevisto.
6. Vou levar uma barraca para ficar mais protegido contra os insetos.
7. Vou levar uma filmadora porque espero que seja possível filmar todos os lugares por onde passar.
8. Vou levar uma toalha para me enxugar. Tomara que eu consiga encontrar banheiros limpos nos campings!
9. Vou levar um dicionário caso encontre palavras desconhecidas enquanto estiver lendo.
10. Vou levar uma mochila caso faça trilhas.
11. Vou levar uma vara caso vá pescar.

3.

1. protetor solar
2. bronzeador
3. maiô
4. biquíni
5. biquíni
6. canga
7. cadeiras
8. esteira
9. guarda-sol
10. bóia

4. Sugestão de respostas:

Sofia: Parece uma ótima idéia / Eu adoraria

S: Onde fica o cinema?

S: Quem são os atores principais?

S: Qual o horário das seções?

S: Combinado! Encontro com você em sua casa às 17h e, de lá, podemos ir a pé até o shopping.

S: Até mais! / Tchau.

5. Sugestão de respostas:

2. ... que eu tinha excedido o limite de velocidade.
3. ... que os pneus estavam carecas / lisos.
4. ... que o carro não tinha cintos de segurança traseiros / ... que os cintos de segurança traseiros estavam quebrados.
5. ... que minha carteira de habilitação estava com o exame médico vencido.
6. ... que a lanterna dianteira estava queimada.

6.

1. Memorize o nome das pessoas.
2. Seja uma pessoa autêntica e transparente.
3. Leia bons livros e assista a bons filmes.
4. Ouça o canto dos pássaros.
5. Lembre-se do aniversário dos amigos.
6. Brinque com as crianças.
7. Tenha um *hobby*.
8. Faça surpresas nas datas especiais.
9. Dê um abraço carinhoso.

7.

1. em	3. x	5. x	7. a	9. x / de
2. a	4. a	6. x	8. com	10. a / x

8.

1. achou dela	6. reclamou dela
2. simpatizei / com ela	7. desconfiando das pessoas
3. recomendada por	8. precisando de
4. encaminhada por	9. ajude nos
5. telefonar para	10. começar a

9. a.

Grandes hotéis foram construídos...
Muito desse passado é conferido em locais como...
O tipo de água mais adequado para cada problema é indicado por médicos em muitos balneários.
Cem dúzias de garrafas com sua água, para beber, foram embarcadas para a Lua a bordo da Apolo 11.

b.

1. As fontes começaram a ganhar fama internacional no início do século 20, com o interesse de pesquisadores de outros países, como a cientista francesa Marie Curie, que atestaram seus benefícios.
2. Em 1969, um fato marcou a história de Lindóia: cem dúzias de garrafas com sua água, para beber, embarcaram para a Lua a bordo da Apolo 11.
3. Nas décadas de 1940 e 1950.
4. Prestígio, trabalho devido à expansão do turismo, e a própria água na cura ou melhora de várias doenças.

10.

1. Fui ao cinema depois de levar meu filho à escola.
2. Passei pelo Parque Ibirapuera a pé e, quando cheguei em casa, estava muito cansada.
3. Quando eu era criança, os aparelhos de TV não eram em cores.
4. Os turistas foram ao estádio do Maracanã e gostaram muito do jogo.
5. A casa em que ele mora fica entre dois prédios enormes!

MÃOS À OBRA!

a.

brasiliense - morador de Brasília

se embrenha na selva - se mete na selva, entra na selva

sandália plataforma - sandália de salto largo e alto que lembra uma plataforma

marmanjos - homens adultos

bike - bicicleta

trekking - caminhada

b.

1. As provas mais estafantes são as de longa duração, em que as equipes percorrem até 950 km **no** meio do mato.
2. Bárbara se sai melhor justamente **nas** provas mais difíceis.
3. **Nas** provas curtas a força conta mais **do** que a resistência e o preparo psicológico.
4. Mas **nas** competições longas, onde a resistência e o equilíbrio emocional são essenciais, é diferente.
5. Fazer trilha era o seu programa preferido **na** adolescência.
6. **Numa** delas conheceu Guilherme, hoje seu companheiro de time.
7. **Nuns** fins de semana, é comum ver o jipe de Guilherme **na** Chapada dos Veadeiros.

UNIDADE 19

1. Sugestão de respostas:

SUBSTANTIVOS	ADJETIVOS	PREPOSIÇÕES	ARTIGOS
jogos	*importantes*	*de*	*os*
futebol	*cultural*	*em*	*as*
povos	*pacífica*	*por*	*a*
paz	*tradicionais*	*com*	*uma*

2.

Querida Elisa,

Tudo bem? Ontem fui assistir **a** uma peça de teatro e... sabe quem encontrei lá? A Bárbara! E você não vai acreditar **em** mim: ela estava **com** o Fernando, o namorado da Darci! Você se lembra **dele**? Na verdade, eu sempre antipatizei **com** Bárbara. Não consigo confiar **nela**. A gente passa **por** ela, mas ela nem te cumprimenta. Todos reclamam disso. Bem, deixando a fofoca de lado, a peça de teatro estava muito legal. Vale a pena conferir. Se você tiver um tempinho, não deixe **de** assistir!

Abraços,
Ana

3.

estou / estou / Estou / é / são / foi / está / está / estão / estavam / sejam

4.

Resposta pessoal.

5.

1. goleiro
2. lateral direito
3. líbero
4. volante
5. volante
6. lateral esquerdo
7. atacante direito
8. meia direita
9. centroavante
10. meia esquerda
11. atacante esquerdo

6.

1. não ficaríamos sem energia.
2. se nós tivéssemos vindo mais cedo.
3. se nós estudarmos bastante,
4. se eles tivessem comprado os ingressos.
5. Se você tivesse ido de metrô,
6. Se eles fossem espertos,

7. Sugestão de respostas:

1. Eu iria imediatamente socorrê-lo.
2. Eu ficaria decepcionada.
3. Eu não o perdoaria jamais.
4. Eu procuraria saber o porquê do mau comportamento.

8.

Resposta pessoal.

9. Sugestão de resposta:

O candidato Marcelo é estudante universitário de Educação Física. Tem 20 anos, 1.80 m e 69 kilos. Tem muita familiaridade com esportes; pratica atualmente 4 modalidades. Já fez parte de competições federadas e possui dois títulos esportivos em duas modalidades diferentes. Não fuma e nem bebe. Possui hábitos alimentares saudáveis. Tem familiaridade com 17 diferentes modalidades esportivas.

10.

1. Atletismo
2. Natação
3. Basquete
4. Tênis e Vôlei
5. Futebol
6. Atletismo
7. Vôlei
8. Futebol
9. Vôlei
10. Futebol
11. Natação
12. Futebol e Tênis
13. Futebol e Basquete

MÃOS À OBRA!

1. b. Resposta pessoal

MAIS BRASIL

Respostas

U. 3	U. 4	U. 5	U. 7	U. 9	U. 11	U. 13	U. 16	U. 17	U. 19	U. 19
P. 17	P. 25	P. 30	P. 39	P. 48	P. 59	P. 69	P. 82	P. 90	P. 97	P. 100
1. A a 1. B b	2. A a 2. B b	3. A b 3. B c	4. A c 4. B a	5. A a 5. B a	6. A a 6. B a	7. A c 7. B a	8. A b 8. B b	9. A c 9. B a	10. A b	10. B a

16 – 20 pontos: Parabéns! Você está mesmo por dentro!
10 – 15 pontos: Bom! Você está ligado e atento às curiosidades brasileiras.
até 9 pontos: Continue pesquisando! Ainda há muita coisa boa para descobrir sobre o Brasil.

1.

1. clã
2. galeria
3. sertanista
4. ritual
5. matéria-prima

2.

1. o/um
2. os/uns
3. os/uns
4. o/um
5. as/umas
6. a/uma
7. as/umas
8. o/um
9. o/um
10. a/uma
11. as/umas
12. os/uns

Sugestão de respostas:

1. O champagne servido no casamento era de ótima qualidade.
   Precisamos comprar um champagne para celebrar.
2. Onde estão os meus óculos?
3. Preciso comprar trezentos gramas de carne moída.
   Compre uns duzentos gramas de presunto.
4. O telefone está mudo.
   Preciso alugar um telefone.
5. Quais as músicas de que você mais gosta?
   Esse cantor canta umas músicas meio bregas.
6. A viagem de núpcias de Edu e Flávia foi muito romântica.
   Preciso fazer uma viagem para descansar um pouco.
7. As reuniões têm sido muito longas.
   Tem umas reuniões que são pura perda de tempo!
8. O leite de soja tem um gosto esquisito!
   Uma vez tomei um leito enriquecido com ferro que era um horror!
9. O celular de Rita só dá caixa postal.
   Vou comprar um celular pré-pago.
10. A proposta de compra já foi enviada?
    Precisamos preparar uma proposta de tercerização de aulas de português.
11. As horas extras serão pagas ainda esta semana.
    Tinha umas horas extras para receber, mas preferi tirar em dias.
12. Vários assuntos serão tratados na reunião de hoje à tarde.
    Desculpe-me, mas preciso sair para tratar de uns assuntos importantes com o diretor financeiro.

3.

1. minhas
2. sua
3. meus
4. minha
5. deles
6. nossas
7. nossos
8. dela
9. seu
10. dela
11. meu
12. dele
13. meu

4.

1. havia me decidido
2. tenho exagerado
3. tiver estudado
4. tenho feito
5. tenho me divertido
6. tenho nadado
7. tenho assistido
8. tenho viajado
9. tenho me perguntado
10. terá valido
11. teria tido
12. tivesse estudado

5.

1. d
2. f
3. a
4. g
5. c
6. e
7. b

6. Sugestão de respostas:

1. De onde você é/Onde você nasceu?
2. Há quanto tempo você está no Brasil?
3. Por que você veio ao Brasil?
4. Se casou com uma brasileira?
5. O que você fazia...?
6. O que você tem feito...?
7. Você não sente falta deles?
8. Você pretende voltar para a Inglaterra?
9. Como/onde você aprendeu?
10. Tatiana não ensinava português para você?
11. Onde vocês estão morando?/Onde vocês moram?

7.

1. animal
2. coruja
3. porco
4. burro
5. peixe
6. cobra
7. lesma
8. vara-verde
9. palito
10. pedra

8. Sugestão de perguntas:

1. Quais são os personagens do Sítio do Pica-Pau Amarelo?
2. Como se chama o negrinho de uma perna só, cachimbo de barro na boca e capuz vermelho na cabeça?
3. Quais são as travessuras do Saci-Pererê/O que faz o Saci-Pererê?
4. Qual é o personagem que canta para seduzir garotas ribeirinhas?
5. Qual é a lenda da vitória-régia?

9.

1. d
2. f
3. g
4. h
5. j
6. a
7. e
8. i
9. h
10. c

MÃOS À OBRA!

(4) (2) (3) (1)

Negrinho de uma perna só, com uma carapuça vermelha, que fuma cachimbo.

Controle, sabedoria e manuseio de tudo que estava relacionado às plantas.

7, 1, 4, 2, 3, 5, 6.

BIBLIOGRAFIA

CEREJA, William Roberto e MAGALHÃES, Thereza Cochar. ***Português: Linguagens (8ª série)***, 1ª. ed., São Paulo, Editora Atual, 1999.

FERREIRA, Aurélio Buarque de Holanda. ***Novo Dicionário Básico da Língua-Portuguesa***, 3ª. ed. RJ, Editora Nova Fronteira / *Folha de São Paulo*, 1999.

_______. ***Pequeno Dicionário Brasileiro da Língua Portuguesa***, 11ª. ed., Rio de Janeiro, Companhia Editora Nacional, 1976.

INFANTE, Ulisses. ***36 Lições Práticas de Gramática***, 1ª ed., São Paulo, Editora Scipione, 1997.

Língua Portuguesa – Help! Sistema de Consulta Interativa, *O Estado de São Paulo*, 1ª ed., São Paulo, Klick Editora, 1995.

MARTINS, Eduardo. ***Com Todas as Letras – O Português Simplificado***, São Paulo, Editora Moderna, 1999.

_______. ***Manual de Redação e Estilo***, 3ª. ed., São Paulo, *O Estado de São Paulo*, 1997.

MESQUITA, Roberto Melo. ***Gramática da Língua Portuguesa***, 1ª ed., São Paulo, Editora Saraiva, 1994

NICOLA, José de e INFANTE, Ulisses. ***Gramática Essencial***, 8ª ed., São Paulo, Editora Scipione, 1994.

_______. ***Português Palavras e Idéias (8ª série)***, 7ª ed., São Paulo, Editora Scipione, 1993.

PASQUALE & ULISSES. ***Gramática da Língua Portuguesa***, 1ª ed., São Paulo, Editora Scipione, 1998.

PRATA, Mário. ***Mas Será o Benedito?***, 10ª ed., São Paulo, Editora Globo, 1996.

SACCONI, Luiz Antonio. ***Gramática Essencial Ilustrada***, São Paulo, Atual Editora, 1994.

_______. ***Não Erre Mais***, 20ª ed., São Paulo, Atual Editora, 1997.

_______. ***Nossa Gramática – Teoria e Prática***, 18ª ed., São Paulo, Atual Editora, 1994.

_______. ***1000 Erros em Português***, 4ª ed., São Paulo, Nossa Editora, s/d.

TUFANO, Douglas. ***Estudos da Língua Portuguesa – Gramática***, 2ª ed., São Paulo, Editora Moderna, 1990.

_______. ***Minigramática – Estudos de Língua Portuguesa***, 1ª ed. São Paulo, Editora Moderna, 1998.